CUIDE DOS SEUS ACHADOS,

ESQUEÇA

Cuide dos seus achados, esqueça os seus perdidos
Copyright @2023 by Aurê Aguiar
1ª edição: Agosto 2023
Direitos reservados desta edição: CDG Edições e Publicações
O conteúdo desta obra é de total responsabilidade do autor
e não reflete necessariamente a opinião da editora.

Autora:
Aurê Aguiar

Preparação:
3GB Consulting

Revisão:
Daniela Georgeto
Equipe Citadel

Projeto gráfico:
Jéssica Wendy

Capa e ilustrações:
Estúdio Sarau

Arte-finalização de capa:
Dimitry Uziel

Aguiar, Aurê
  Cuide dos seus achados, esqueça os seus perdidos / Aurê
    Aguiar. — Porto Alegre : Citadel, 2023.
  192 p.

ISBN 978-65-5047-248-1

1. Desenvolvimento pessoal 2. Poesia 3. Reflexões I. Título

23-4256   CDD 158.1

Angélica Ilacqua - Bibliotecária - CRB-8/7057

Produção editorial e distribuição:

contato@citadel.com.br
www.citadel.com.br

CUIDE DOS SEUS ACHADOS,

AURÊ AGUIAR

2023

ESQUEÇA OS SEUS PERDIDOS

À minha mãe.

Por ser meu
maior exemplo de
resiliência e fé.

AGRADECIMENTOS

A gratidão é um exercício de expansão da alma.

A prática não leva à perfeição, porque essa não existe, mas leva a um estágio de bem-querer com o mundo. Isso, por si, vale a vida.

Sou grata a Carolina, minha filha, por ser o Sol da minha vida. Aquela que aquece o meu coração e que participou ativamente da realização deste projeto.

Aos meus filhos, Carlos Fernando e Antonio Pedro, agradeço a proteção e os braços firmes que me apoiaram na difícil opção pelo caminho da escrita.

Aos meus amigos e amores, meus melhores beijos.

SUMÁRIO

APRESENTAÇÃO, POR MARLA DE QUEIROZ   13
PREFÁCIO, POR ROSSANDRO KLINJEY   19
MANIFESTO   23
ACHADOS E PERDIDOS   27

PARA ACHAR-ME   32

Meu rezo

Escola de sentir

Minério e manguezal

Imortais

Carnaval dentro de mim

Apenas esqueço

Espiralar

Inspiração

O espelho e o mofo

Escreverei uma carta e colocarei nela um anel de compromisso

PARA ACHAR NAS PALAVRAS   52

Silêncio para ouvir esse som

Guarda-alma

Palavras-amuleto

Palavras-guia

A paz

Detox

As benditas

Serendipidade

Giramundo

Ciranda

PARA ACHAR NA ARTE 76

Atemporal
Um feitiço
Alô. Chico Buarque?

PARA ACHAR NO AMOR 86

Somos instantes
Mesmo que não saibamos, queremos
Já se apaixonou hoje?
Amadores
Não nos perderemos

PARA ACHAR NOS FILHOS 104

Elas existem
A mãe que te pariu
Alquimistas de nós mesmos
A inteligência do coração
Conselhos de mãe

PARA ACHAR NA GENTE, NO OUTRO, NO UNIVERSO, EM DEUS 116

Código de ser
Sentimentos são reflexos
Abrigo
Roupa de ver Deus
Sofrência é erva daninha
Agenda da alma
Attraversiamo
Só tinha que ser com você
O wi-fi do coração
Alegria é sofisticação
Qual é o seu porquê?
Dos quereres

Escola da vida
Bondade é opção
Turma do arrepio
O sentir escapa
Parar para sentir
No final é só verdade

PARA NÃO SE PERDER 160

Um mapa para o coração
Inchaço
Ódio não tem graça
Sem reservas
Tem ninguém bonzinho, não
Quem com verbo fere
Terceirização do mal
É da lealdade ser livre
Faca amolada no fio das canções mais bonitas
Não canse
Pedro e Paulo
Nova categoria
O amor é um bom professor

PARA ESQUECER OS PERDIDOS 186

APRESENTAÇÃO

A vida é montanha-russa: há os que se sintam intimados e há os que se sintam intimidados por ela. Viver é uma eterna busca. Viver é eternizar a busca, embora, *"na vida, o que tenhamos de certo é o ponto-final, e ponto. Somos estrofes inacabadas de uma poesia escrita a muitas mãos"*. A vida, com sua riqueza de detalhes, nos ensina tantas possibilidades de caminhos que a responsabilidade pelas escolhas pode nos sobrecarregar ou apaziguar. Há os que acordam para enfrentar a vida, há os que acordam para abraçá-la. A vida pode parecer mais dura para quem a enfrenta. A vida não segue um roteiro predeterminado, por mais que se planeje. E a cada esquina há o inesperado. E a entrega exige a aceitação de que aquela lacuna que tentávamos preencher talvez ainda precise estar disponível para o que nem se imaginou que poderia acontecer. Algumas perdas parecem indestrutíveis porque nos deixam por um tempo com a pendência de sentir alegria. Alguns achados são extraordinários justamente porque se encaixam exatamente no lugar dessas perdas.

Encontrar no veneno o antídoto não produz anticorpos para dor, mas o que pode a dor além de doer e apontar outros rumos? *"Não se demore no lamento, apenas aprenda e siga."* Se aquilo que perdemos deixou uma lacuna do tamanho de um aprendizado, de uma nova experiência, por que não gostar de ter por dentro espaços amplos e páginas em branco prontas para a nova narrativa? É sempre uma questão de perspectiva: na perda, valorizar o que ficou e fazer do vazio um lugar para crescer.

Este livro me faz lembrar de não esquecer que existe a dor, mas há o alívio. Tudo caminha abraçado, e nem sempre seu sentido é perceptível, mas os ciclos são esse eletrocardiograma, um gráfico da persistência de um coração vivo. E há o amor. *"Amor é assim, essa coisa toda indefinida. Existe no intervalo das incertezas."* Se o amor ou a falta dele é o tema de quase todos os processos, é fato que ele nos ocupa. E estar plena dessa ocupação é sempre grandioso.

"Se amanhã não for, ontem esteve com certeza, sinto o cheiro do seu tempo em mim."

É por isso que certos livros trazem o amparo. Porque alguém se ocupou plenamente do amor para lembrar de nos despreocuparmos com ele, mas estarmos em estado de receptividade. Alguém se ocupou do amor para entregar em mãos desconhecidas uma trama pronta, uma brisa fresca na brasa das tardes ou o chá quente para agasalhar o dia esquisito, uma reza forte resgatada das gavetas da infância, uma frase de efeito grifada do livro de cabeceira que talvez jamais teríamos lido e que pode ser a peça principal do nosso quebra-cabeça: uma frase que contempla uma fase. *"Amor para brincar de poeta. Alguém que saiba costurar estrelas a letras. Amor cheio de estreias, que inaugura versos, de rimas ricas e cadenciadas."*

A escritora escreve para lembrar ou para, finalmente, esquecer? Ou para encorpar a memória dos afetos ou ressignificar os efeitos dos traumas? *"Mudar o mundo com a sua presença/ materializar uma grandeza/ ser grande no sentir/ ser grande na bondade/ ser miúdo, meus filhos, só nos traumas."* Escritoras escrevem para salvar-se do conforto do raso, para encorajar-se ao mergulho no fundo ou ao salto no Nada, para sair da caverna depois de desbravar-se nela. *"Aprofundar-se é sair da linha d'água, seja para mergulhar fundo, seja para voar alto."* É sempre sobre o desconhecido até que o texto se desenhe e se resolva e se revele. Um texto acontecendo para além das intenções é o resultado de uma vida de interações. Um texto amanhecendo para além das horas é o resultado de intimidade com as palavras que foram tecidas na borda da saia da noite até que o livro esteja aberto como o dia.

Este livro pode ser um conselho. Escrever para libertar-se em palavras quando a página pode ser o maior lugar do mundo, e onde poderemos viver a vida mais bonita de todas. Onde somos atravessadas e provocadas a dançar a palavra que tem corpo e vibra até que se reúna a tantas outras para se perder de outras tantas. *"Escrever é descaber-se para fazer faltar e faltar de novo e de novo um escrito, uma alegria que chora."* Escrever para tentar descobrir o que há no intervalo dessa tensão infinita entre o extraordinário e o comum. Escrever para transformar os obstáculos em belezas e oferecê-las ao mundo. Para dançar nas bordas do abismo. Para erguer palavras de conforto entre as ruínas. E encontrar ou criar um lugar onde alguém nos veja e ouça. Escrever para compartilhar a oração que nos cure das ausências, da carência, da escassez e do mau-olhado. Que nos prepare para novos achados.

Este livro pode ser espelho. E a lembrança da necessidade de um encontro consigo sem hora marcada. E também pode ser um mapa, uma seta, um punhado de sotaque para se conhecer a trilha sonora da partitura dos trilhos que regem duas cidades a que nunca fomos ou que também sejam tão nossas. *"É preciso confiar em si e no processo. O erro é uma curva a mais. Um mapa sempre ajuda."*

Este livro pode ser uma porta, uma ponte, um portal. *"A palavra é mágica. Não a use para fazer alquimia do mal."* Mas um livro, para ser lindo, precisa ser lido.

Aurê nos mostra que escrever é jornada interna, odisseia íntima que entregamos ao Universo para nos reintegrarmos a ele. E, no início do caminho, a poesia. E, no meio do caminho, há poesia. E, na poesia, a travessia que é caminho sem fim, e estrada para se fazer em par ou ímpar.

"É através do amor que a humanidade volta para casa. Amando, não nos perderemos."

Entre sem hesitar. Este livro é um bom lugar para estar.

Marla de Queiroz

Poeta, escritora e jornalista

PREFÁCIO

A vida não tem que ser inteira para ser boa, ou ser boa para parecer inteira? A vida é o que é, e isso basta.

Nesta jornada, vamos seguindo uma viagem. Paramos em estações, ora por escolha, ora por imposição, e em cada uma delas, como também na viagem em si, vamos perdendo e achando coisas. Vamos encontrando e desencontrando pessoas. Afinal, "são só dois lados da mesma viagem/ O trem que chega é o mesmo da partida/ A hora do encontro é também despedida".

Curvas imprevistas, descarrilamentos, trombadas e paradas bruscas são uma constante nessa viagem. Daí, escolher o que achar e o que perder exige de nós uma capacidade quase alquímica, uma espécie de curadoria afetiva e espiritual, que define a qualidade da viagem que fazemos.

É sobre essa alquimia o livro da Aurê. Sobre a beleza de não apenas ver o que falta no vagão no qual nos encontramos, mas do que abunda e não notamos mais; da necessidade de volver o olhar, de voltar a olhar, de cuidar dos achados.

Nem sempre é fácil apreciar realmente o que temos. É difícil não querer e desejar mais, e o desafio aumenta quando nos vemos "programados" para não sermos gratos, para cairmos no lugar tóxico do resmungo, da reclamação.

Quando comparamos, nas *timelines* das redes sociais, os **"achados"** dos outros com os nossos **nunca encontrados**, sentimo-nos perdidos. Essa constante insatisfação e anseio por mais nos leva a uma sensação de impotência, angústia e agitação, distraindo-nos daquilo que já achamos: aqueles que já encontramos.

Cuidar dos achados é desenvolver gratidão, e com ela as pessoas identificam a bondade em suas vidas. Reconhecemos que a fonte dessa bondade está, pelo menos parcialmente, fora de nós mesmos, daqueles que já achamos, fazendo-nos ir além de nosso ego, conectando-nos aos outros, à natureza e ao sagrado.

A gratidão não é simplesmente uma resposta emocional; é também, para não dizer sobretudo, uma escolha que fazemos. E isso muda a qualidade da viagem se focarmos nossa atenção nos achados ou se nos debruçarmos na lamentação dos perdidos. Devemos escolher agradecer pelo que já temos, pelo que já achamos e por quem já encontramos, ao mesmo tempo que deixamos ir o que perdemos, quem desencontramos nas bifurcações do caminho, sem peso, sem culpa, sem arrependimentos. Isso demonstra a habilidade do viajante, pois, como escolha, a gratidão é uma atitude ou disposição, que por si só é o combustível para prosseguirmos a viagem.

Na jornada da vida, aprendemos, com o tempo, a realidade inexorável de que tudo é como tem que ser. E como dizia Lao Tzu: "Quando você percebe que não falta nada, o mundo inteiro pertence a você". E como nos fala Aurê Aguiar, em meio a um de seus poemas, do qual ouso dar aqui um *spoiler*, num mundo líquido, numa sociedade cansada e desbussolada, "o amor existe em tempos duvidosos, isso basta".

Rossandro Klinjey

Psicólogo, escritor e palestrante

MANIFESTO

Façamos das perdas arte.

Percamos o ceticismo e apostemos na dimensão espiritual.

Abandonemos as desconfianças para acharmos a fé, a sorte, o rumo, o norte.

Abracemos as nossas sombras, até se tornarem menores do que a nossa luz.

Respeitemos rituais.

Façamos silêncio antes de apalavrar compromissos.

Sejamos leais, não causemos perdas.

Realizemos encontros mágicos – principalmente com nós mesmos.

Percamos o julgamento do outro de vista.

Encontremos nossos melhores sinais no espelho.

Sejamos corajosos.

Enamoremo-nos.

Percamos a dependência do aplauso para conquistar nosso verdadeiro pódio, nosso palco real.

Brilhemos para iluminar nosso caminho e o dos outros.

Percamos a ilusão da separação.

Sejamos vencedores apenas quando todos ganharem.

Que não disputemos terreno, não manipulemos.

Achemos o caminho de saída dos conflitos, percamos a vontade de guerrear, vençamos na paz.

Sejamos generosos e harmoniosos.

Pratiquemos amorosidade e compaixão.

Que saibamos ouvir e ceder a palavra.

Sejamos entusiasmados.

Percamos o orgulho e achemos o caminho da abundância.

Saibamos que cada um dá o que tem e que agir no amor é exercício de perdão e doação.

Encontremos os ensinamentos ocultos em cada perda.

Sejamos gratos pelos desafios; que as perdas não nos embruteçam.

Sejamos seduzidos por humanidade e ternura.

Que, ao apanhar da vida, saibamos oferecer a outra face para ganhar sabedoria.

Ganhemos tempo e façamos arte.

Dancemos e façamos amor.

Vivamos em poesia.

Façamos músicas.

Sejamos encantados para sair do controle da mente e ver os bichos desenhados nas nuvens.

Inocentemo-nos.

Silenciemos a voz para ouvir o ditado do coração.

Sejamos imensos nas pequenas alegrias.

Sejamos intensos na lealdade, na cumplicidade e na bondade.

Ganhemos as alturas ao elevar quem amamos.

Sejamos livres, leves e destemidos.

Achemos coragem para perder o medo de sermos amados e de amar.

Que nos percamos ao amar para sentirmos o novo de novo.

Despertemos beijando a boca da vida.

Que saibamos cuidar dos nossos achados e esquecer os nossos perdidos.

ACHADOS E PERDIDOS

Cuide dos seus achados. Esqueça seus perdidos. Autoria desconhecida. É assim que aparece na internet, um verso sem filiação. Porém, eu sei o dia em que esse verso foi escrito; ele nasceu no exato instante da dor transmutando-se em amor. Nesse dia, a autora vertia essas palavras urgentes.

Postei *Cuide dos seus achados, Esqueça seus perdidos* nas minhas redes sociais, em 2014, sem assinatura na imagem. A frase foi publicada por uma revista e, de repente, figurava em milhares de postagens e vídeos. Eu acompanhava a citação viralizando num ritmo impossível de ser alcançado, o que dirá modificado e nomeado. Enquanto alguns se apossavam da autoria, outros mantinham no final um singelo *autor desconhecido*. Milhares de citações desse verso aparecem na tela de busca do Google. Foi replicada também em centenas de vídeos, além de ter sido citada no fechamento de um dos programas de televisão mais famosos do país.

Contudo, o registro é um fato. Após comprovação, foi possível ratificar que não existe citação dessa frase antes da minha publicação. Sou a famosa desconhecida da frase que aparece mais de cento e cinquenta mil vezes na internet.

Poderia ser apenas uma frase perdida, mas interpretei o episódio como um achado. Publicações escritas nas redes sociais levam, continuamente, à oportunidade de ler-se e reler-se na interação de outros saberes, de outros olhares. Penso que escrevi como quem deixa, no vapor de um espelho, um recado para si mesma e, presa na necessidade desse registro, se esquece do evaporar.

Tenho urgência em registrar, em palavras, ideias e sentimentos. É inevitável escrevê-las para não as perder. Libertar palavras é dar a chance a novos significados. Por vezes, digo mais o que não escrevo; entre essas linhas há intenções que escorrem dos meus dedos: palavras expostas para que sejam lidas e palavras invisíveis para que sejam sentidas. Uma escrita nasce de um apalavrado com o amor, que permite silêncios e flores colhidas num campo aberto.

A palavra perda, encarcerada de fracasso e dor, transforma em risco a escrita de um livro sobre achados e perdidos. Contudo – chegou o momento de assumir –, gosto de correr riscos e gosto da vida. Thiago de Mello, seríamos bons amigos a caminhar no seu verso

"Ainda que me doa, não encolho a mão: avanço levando um ramo de sol".

Cuide de seus achados foi um alerta! Mulher, coloque mais atenção nos seus pensamentos e nos acontecimentos extraordinários. Na dor da perda cabe uma construção; por isso, este é um livro sobre achados, é sobre esquecer o que se perde. Guardar apenas uma deslembrança, uma memória do esquecimento que nos acompanha e ensina.

A poeta norte-americana Elizabeth Bishop mostrou entendimento de achados e perdidos trazendo leveza ao verbo perder.

"A arte de perder não é nenhum mistério,
tantas coisas contém em si o acidente
de perdê-las, que perder não é nada sério.
Perca um pouco a cada dia. Aceite austero,
a chave perdida, a hora gasta bestamente.
A arte de perder não é nenhum mistério.
Depois perca mais rápido, com mais critério:
lugares, nomes, a escala subsequente
da viagem não feita. Nada disso é sério…"
(tradução de Paulo Henriques Britto)

A pandemia da covid-19 é, foi e será uma das maiores provações do ser humano às perdas. Hoje consigo ver, entre tristes perdas, as histórias felizes. Viver a imponderabilidade das estreias, um sentir livre e inédito na busca de ressignificado aos achados e aos perdidos.

A vida é mais potente quando estamos conscientes de que o nosso tamanho tem a grandeza do instante. O rio, do filósofo Heráclito, é inspirador se estivermos atentos à beleza dele; caso contrário, pode ser devastador. Não há limites para a mudança de si mesmo, somos ilimitados para novas verdades e novos acordos com o universo. Essa fluidez do mundo permite ao humano mover-se para novas construções de ganhos, ainda que dentro das perdas. Pode haver nesse movimento um potencial de gerar alegria, ainda que seja só uma pista sobre o que pode vir a ser. Sobre o que nos transforma porque foi transformado por nós.

A alegria é um instante de potência de vida, um achado que, se vivido intensamente, jamais será perdido, porque, depois que equivoca o tempo, a alegria expande o instante.

PARA
ACHAR-ME

Meu rezo

Ainda criança eu falava em curar pessoas, animais, plantas, qualquer ser vivo. Não, eu não queria ser médica, eu queria ser curandeira. Ir além da ciência, envolver-me. Ser partícipe de milagres.

Com o tempo me entendi assim através das palavras. Minhas ervas sagradas, os bisturis precisos. Experimento palavras de pujanças, palavras-chave que abrem portais, palavras-guia conhecedoras de qualquer caminho, palavras-amuleto transformadoras de tudo.

Dizer muito, mesmo quando falamos pouco. Narrar sentimentos profundos. Juntar os silêncios nas palmas das mãos em concha, traduzir uma emoção, até conseguir comunicar ou até conseguir amar o que está calado. Fazer de mim sussurro.

Faço apalavrados com o divino e encontro o dom da cura.

Nas palavras não ditas permanece o eu, só meu. Nas que digo, teço o reflexo teu do que há em mim. Você, quem quer que seja, você que se lê em mim, é a minha palavra-destrava-língua. Agradeço a ti.

quando séria, sou terra.
é quando rio que eu me mareio.

Escola de sentir

O cheiro do manacá, na entrada da casa de minha avó, permanece em mim. Com olhos fechados reconheço matizes de branco e de roxo, a memória das flores. Irresistíveis às mãos de oito anos, os dedos tocavam de leve a suavidade das pétalas delicadas. O quintal enorme, abarrotado de pés de fruta, era para eu brincar de adivinhar sabores. Passava horas desenhando mentalmente as formas das árvores e o caminho dos galhos. Sentia a aspereza das raízes com admiração.

Perguntas eram respondidas, devagar, por nuvens que desenhavam formas e nomes. Para as questões urgentes, recorria à objetividade das flores de malmequer.

Ainda vejo cheiros, ouço silêncios, saboreio à distância, antecipo texturas e acordo com o odor doce daquelas manhãs. Também aprendi a ler nos olhos as palavras não ditas. Quando cega, concentro-me na cadência da respiração. Quando perdida, navego nas letras e toco o futuro.

Engulo sapos amargos dissolvidos em vinhos especiais. Diluo mágoas em água e sal, de lágrimas benditas. Pratico longos abraços a distância e coleciono arrepios em músicas que dançam no corpo, sinto mãos tocando minha alma.

Adoço suores com mel na língua e nos olhos. Sinto o gosto do sorriso alheio, a tua alegria é inefável. Um coração macio consegue aquecer o frio na barriga. Sinto tudo, sinto tanto, sinto amor pelo sentimento.

Desde a infância venho atenta aos sentidos.

Só quando não sinto é que eu sinto muito.

Minério e manguezal

Sou mineira e também sou capixaba.

Presenteada com Minas no nascimento e reconhecida capixaba em algum momento. Alguma vitória, decerto. Talvez eu seja isso e aquilo. Rio doce e água salgada, terra e maresia.

Misturo pão de queijo e moqueca, gosto do manguezal e das hortas no quintal. Sinto o cheiro do leite gordo na madrugada fria e o sal grudado na pele que arrepia. Não gosto de rimas. Gosto de infinitos rumos. Saio do prumo, do nível do mar, saio dos trilhos. Navego. Subo montanhas e mergulho em cavernas. Vou fundo.

Misturo mineirice com brejeirice, calo e falo. Sotaques ecoam no silêncio, entre o A e o Z, ouço S dizendo sedução. Sim, não, nunca, talvez, falo outra vez. De novo, renovo meus votos de amor a Minas. Sacralizo essa paixão. Profetizo, com língua profana, palavras de redenção mar adentro.

É triângulo, é quadrilátero, é fartura de manguezal. Mar calmo e alguma ansiedade de perder-se no canavial. Entre um e mil, escolho dois e dez. Cachoeira, bica, olho d'água, foz de rio. Meu caminho é mar aberto, linha de horizonte que não tem chegada, é belo. Dia, noite, madrugada, galo cantando, onda na pedra. Tudo me acorda, sou maria-dormideira. Abro-me sobre mim. Tenho fome é de mariscada, ouço a matança de novilhas e leitões e não quero comer nada.

Duas certidões, um só coração.

Ah, Minas Gerais, te conheço demais. Por seus trilhos cheguei ao meu cais, só não me atraco aqui porque também sou de lá.

mineiro se equilibra em
trilhos, abre os braços

inventa que é artista

coloca cor na fotografia preto e branco

bota estrela em céu nublado

inventa um cais para partir e
nunca esquecer para onde voltar

mineiro não inventa amor
pra fazer poesia, ama

inventa o mar

sentado em um clube na esquina

mineiro inventa que já viu o fim da dor

é logo ali.

Imortais

Sentimentos são finais em aberto. Abandonamos palavras ditas, frases escritas, retratos, mas é tão difícil esquecer um silêncio sentido. Os detalhes de muitas ações, esquecemos. No entanto, intenções atravessam a alma e se inscrevem lá para sempre. Boas ou más, perduram.

Esquecemos os fatos, mas não esquecemos a sensação que eles causaram em nós. A profundidade de um sentimento pode eternizar um minuto.

Com Wim Wenders em *Asas do desejo*, e até no seu remake *Cidade dos anjos*, temos histórias necessárias aos sentimentos, filmes que preconizam um futuro no qual a riqueza do sentir se sobrepõe a todos os poderes.

A verdade é que sou urgente. Sentir não me causa desconforto. Sou o copo vazio pronto para encher-se de emoções. Amo como se não houvesse ontem, com frescor de alma virgem, jeito adolescente. Todo amor que sinto é inédito. Dores passadas não imobilizam. Movo-me. Sentir até conectar-me ao Universo, até habitar o reino do inesperado.

Não sou anjo, sou mortal que abdica da morte da vida monocromática, do não sentir. Mergulho. Traduzo o bem e o mal que há em mim. Quem dera eu tivesse a habilidade de Hemingway para descrever, detalhadamente, aos anjos ao redor, os sentimentos atravessados nessa rendição da queda ao humano que me habita. Sinto pelos impedidos de sentir. Sinto muito. Espero que sintam através de mim, e que sejamos imortais assim.

Carnaval dentro de mim

Uma natureza festeira, admito meus pés de alegria. Minha fonte é qualquer uma, desde que seja bold. Transbordo. Se triste, estou fora de mim. Não que eu seja feliz o tempo todo, apenas tenho predisposição para o lado mais solar da vida. Meu coração bate no ritmo dos tambores do carnaval baiano e do repique, do agogô e do ganzá dos bloquinhos cariocas.

Faço de minha alma um colo – de acolher e acalentar o mundo em suaves canções de ninar. Meu beat é acelerado, meu olhar é demorado. Uma alma de colo serena um coração acelerado e requer certo descompromisso com a formalidade.

Invento um apalavrado informal com a liberdade. Ela e eu temos uma parceria duradoura, um pacto colaborativo. Somos generosas uma com a outra. Ela me permite fazer tolices, me autoriza equívocos, sem martírios ou penitências. É uma amiga íntima que me aco-lhe, me aconselha e me permite. A liberdade me colo-re de mim, do cinza ao neon me concedo o dia triste, mas habito no dia eletrizante feliz. Ela é o meu bem e o meu mal. Cerca-me e preenche-me. Empodera-me e aniquila-me, exatamente porque não me cobra nada.

A liberdade me deixa responsabilizada por mim.

Ser livre é assim: alivia e dói.

tenho ideias que andam nuas

sem véus, cruas,

e doces.

ideias sentidas

escorregadias, ariscas

e livres.

despidas de verdades

curiosas

quase apaixonantes

indomáveis sempre

não,

não há como retê-las

resta-me convidá-las para dançar

são ideias dançarinas.

Apenas esqueço

Distraída em relação à maldade, sou eu. Embora muitos acreditem que minhas antenas captem tudo, eu não absorvo com facilidade os sinais da maldade. As más intenções precisam me esbofetear para que eu as veja. Sou a última que nota esses indícios subterrâneos. Se isso me cria problemas, também gera soluções em abundância.

Raramente dou espaço para que a mágoa se cristalize. Falta-me memória para isso. Sou de irritações passageiras e amnésias perenes. Do tipo que jamais consegue descrever um mal-entendido, porque esquece os detalhes. Isso não é bom nem ruim. É o que é, uma vala de esquecimento que me blinda da mágoa. Já tentei mudar, já tentei até anotar para evitar esquecer, porque, realmente, há maldades imperdoáveis, mas falta-me motivação.

Guardar mágoa é tão restritivo que um par de dias leva embora todo o sentido e a determinação. Tenho uma alma rebelde demais para obedecer ao passo a passo da pessoa magoada. Apenas esqueço. Quando a mágoa é grande o suficiente e dificulta o esquecimento, eu radicalizo e esqueço tudo, fato, gente, lugar... Claro que pode significar perdas maiores, mas eu também não fico atenta a isso. Limpo tudo. Deleto. Não faço backup de mágoa. Não me sobram tempo e memória.

Os magoados podem até ser mais atentos e mais competentes na blindagem dos seus coraçõezinhos manchados, mas isso não me seduz. Sou do tipo que aprecia a vida sem armadura. Não carrego máculas que me impedem de ver o novo com olhos curiosos e infantis. Adoro estreias. Estou sempre apostando no inédito, considero menos a experiência e a prudência do que a emoção. Erro mais, é óbvio, mas divirto-me mais também. Além de correr menos risco de, tolamente, apresentar uma alma maculada, magoada, a quem nem sequer pertence a isso. Evito ficar refém desta impossibilidade de conter a mágoa, porque ela sempre transborda de um jeito ou de outro e, muitas vezes, não escolhe o endereço certo para jorrar sua lama. Por isso, e por muito mais, é que não curto mágoa. Mágoa curtida é sempre compartilhada.

sentimento existe além

da distância, tempo

da ausência, desencontros.

a alma existe, eu sei

está nos laços ainda bonitos

quando tudo mais é fim.

uma vez um sonho de amor morreu

como velar um sonho?

a mágica da vida ainda pulsa

e preciso enterrar o que
não me cabe mais

é luto e é luta também.

não posso perder a trilha

do retornar

estar atenta ao momento

de voltar pra casa

para o coração.

Espiralar

Espiral é símbolo de movimento progressivo, de evolução ao infinito e além. Está no nosso DNA, na dança dos dervixes rodopiantes, tatuada nas cavernas do paleolítico... A espiral está em tudo que representa movimento constante e equilibrado de expansão e compreensão. A partir do conceito da espiral dupla evolutiva, que representa a união do todo, é que eu me reinvento tantas vezes quantas forem necessárias.

É o que me faz buscar no ponto de início, meu núcleo, a força de uma caminhada para algo além do que sou naquele momento. Na certeza de que infinito não é utopia, é propósito com atitude. Em tudo podemos evoluir. Cada um à sua maneira. A minha é solar, ascendente, em curva aberta, ampla, energizada, otimista. Espiralada.

Em cada passo, um desafio. Em cada degrau, um recomeço. Em cada esforço, um novo patamar de sabedoria. Aprendiz, sabedora de que o caminho à frente é desconhecido e tudo pode ser gerado, através do amor, nesse espaço infinito. Alguns dizem que é sorte, outros que é energia positiva, outros que é benção divina – eu, sinceramente, não sei o que é. Tudo que sei é que, quanto mais eu me conecto com essa força, mais ela se faz presente na minha vida.

Não explico, não complico, não resisto, só agradeço.

Inspiração

É o barulho de folha seca no chão da mata, o peso d'água da cachoeira nos ombros, o mar de manhãzinha, a areia fina grudada no pé, é o trava-língua das primeiras amoras, o estourar das jabuticabas urgentes, cheiro de terra molhada na tarde quente, é trem descarrilhado, carrinho de rolimã, navio zarpando, surpresa azul, é água de bica, é o abraço em noite fria, é vinho raro, é dormir na rede desajeitado, é cheiro de moqueca em Guarapari, a transpiração do forró pegado em Itaúnas, a fumaça do mato em Caraíva, o colchão de grama em Trancoso, beijo no pé, massagem nas costas, olhos que salivam, dedos doces, sorrisos amantes, é cumplicidade, aconchego, é chegar, te inaugurar, te enlouquecer, te acontecer, é ficar, é quem vale o seu mundo, é quem vale o preço do resgate, é para quem vale levar a bolsa, é quem diz aquela palavra que muda tudo, é quem traz a vida de volta, é quem te aproxima de Deus.

O espelho e o mofo

Tenho aprendido tanto, feito tantas descobertas, que sem pensar muito entendi que não estava cabendo nos mesmos espaços. Era preciso mudar, recriar. Assim, de repente, decidi por fazer algumas reformas em casa.

Sobre minha sala, meu espaço mais público, nem preciso falar, mas sobre meu quarto é urgente compartilhar, dizer o que sinto, indicar uma trilha, sei lá. O quarto é onde você pode ser inteiro, sem máscaras, uma delícia, deleite. Na minha pequena obra fiz uma grande descoberta: sob um dos espelhos de cabeceira havia mofo. Uma imagem subterrânea, embolorada, estava gritando pela minha atenção.

Mofo é morte. Mofo impede a respiração, que é pura fluidez, insubstituível. Mofo é como hérnia: uma vez descoberto, ou você cuida imediatamente ou terá motivos para se lamentar eternamente.

Sobre o espelho está a sua pose mais bonita, o enamoramento com o seu melhor. Sobre o espelho está a entrega de se ter, e sob o espelho está o desafio de se saber. Minha imagem no espelho, linda ou feia, alegre ou triste, era apenas a ilusão de quem desconhecia o mofo.

Olho sobre vida. 3x4. Alma sob o espelho. Vida sobre morte.

Meu momento, agora, é de cuidado com o mofo sob e sobre a minha imagem. O caminho da limpeza é grandioso.

Escreverei uma carta e colocarei nela um anel de compromisso

Havia tempos eu só a encontrava de relance. Eu correndo, ofegante, estressada. Ela muda, ausente, assustada. Sem intimidade, sem presença, nos distanciamos. Mal conseguíamos trocar uma fala durante a maquiagem apressada. Raramente cruzávamos olhares profundos, nada de mãos dadas.

Havia sempre uma névoa, um embaço. Culpa da minha miopia, eu dizia. E, quanto menos a via, pior eu enxergava. Faltava sintonia, sobrava embaraço. Tantos anos juntas, eu conhecia suas idas e vindas. Muitas vezes pensei que ela havia se perdido de mim. Bobagem, ela voltaria. Décadas de união, ela não suportaria tanto tempo distante. Ela sem mim, eu sem ela.

Ela perdida, eu errante. Encontros furtivos para uma tacinha de vinho em dias de semana. Eu culpada, ela debochada. Eu faltosa, ela arredia. Eu covarde, ela ressentida. Ela fugindo, eu me acostumando. Fantasmas da imagem duplicada no espelho povoaram pesadelos. Túneis sem saída, labirintos intermináveis.

Quando ela me inspirava, eu marcava encontros. Eu me esquecia, ela faltava. Vez ou outra a encontrava. Nos delírios, nos sonhos. Lugares que ela ainda frequentava. Sabia que, com sorte, lá eu a encontraria. Ela me acordaria com o sol na bandeja. Manhãs abençoadas, dias de calmaria. Eu me demorando nela e ela em mim. Olhos nos olhos no espelho. Faíscas curiosas dissolvendo os sintomas de saudade. Sorrisos cúmplices em clima de paixão. Compartilharíamos propósitos, faríamos propostas. Faço um trato com ela, escreverei uma carta e colocarei nela um anel de compromisso. Quero ela grudada, comprometida comigo. O meu amor é dela e ela sou eu. Meu caso de amor mais antigo é comigo.

Nunca mais quero viver longe de mim.

PARA
ACHAR NAS
PALAVRAS

um amor inteiro olhar-se no espelho
com autoridade e afirmar: o amor existe
em tempos duvidosos, isso basta

PALAVRA-AMULETO

AMIGO
É DERIVADO
DE AMARE
AMAR
AMOR.

palavras recém-nascidas em um escrito

trazem sempre uma primeira dor

a ideia, morta na mente,
nascida no papel

realiza seu primeiro ato público

escrever é descaber-se para fazer
faltar e faltar de novo e de novo

um escrito, uma alegria que chora

Silêncio para ouvir esse som

Dos vários jeitos de multiplicar o amor, escrever é um deles. E, se há uma vantagem em registrar o que está no nosso profundo, é equivocar a memória, o que escrevi há anos me fala ainda agora. Trazendo o coração na boca sem medo do que ele vai gritar ou cuspir.

Há quem diga que o discurso é o lugar do engano. Prefiro ver a ação da arte sobre a palavra, como forma de atravessar o discurso construindo verdades e tecendo acordos gentis. Palavras que constroem amor são mais sonoras, vibram alto e, quando sussurradas, fazem eco até o fim do mundo. Amor é a chance divina no humano.

Palavras de amor e verdade expressam um propósito. Um propósito muda a existência do ser humano no mundo e derrama a existência do mundo sobre o ser. Esse é o brilho que faz as almas se encontrarem – seja um ou bilhões de encontros, a luz é a mesma. Conectar pessoas supostamente diferentes no mesmo ninho apalavrado.

Assim abraço o porquê, a razão da minha presença aqui agora. Existirei se puder ter vivido quem sou. Sem medo de procurar e retribuir olhares, o mesmo vale para os elogios. Correr ao encontro do não planejado e deixar o inesperado assinar as melhores memórias. Querendo dar chance aos achados. Fazer cena, provocar ciúmes, manipular, julgar, criticar, magoar não. Querendo esquecer os meus perdidos.

O coração vira uma boa cama quando nos fazemos cúmplices no afeto, é como fazer amor com quem sente igual. A sintonia dessa cama vibrará para sempre, é preciso silêncio para ouvir esse som, concilia-te nele.

Guarda-alma

Sinto paixão pela origem das palavras. Vivo desse jeito, num habitual interesse profundo por encontrar a essência de cada sílaba. Uma arqueóloga de sílabas e de fonemas. É tudo tão repleto de significado, tão esclarecedor, tão educativo, um aprendizado constante.

Escrevi, outras vezes, sobre a palavra amigo, eu sei, mas toda paixão admite reprise. Repito: "amigo" deveria ser "comigo", sou mais junto, sou o outro quando vivo a amizade.

Amigo é derivado de *amare, amar, amor*. Contudo, poeticamente, traz a etimologia mais apaixonante: derivado de ânima (alma) e custo (custódia).

Em livre tradução, um amigo é um guardador de alma. Um ser que zela pela essência perto ou longe, no abraço ou no cansaço, no porre e no bode, na euforia e na letargia, no *glamour*, na lama e no drama.

Percebeu que aquele que guarda sua alma sabe de você além da sua consciência? Sabe e aceita e abençoa, o seu ser e o seu não ser.

Simplesmente vai quando é chamado, sem receio algum de que a explicação só aconteça pelo caminho. Amigo toma partido, é inteiro. Quem guarda sua alma não admite opinião frouxa, argumenta, minimiza, torce, sofre junto, ri junto e também ri sozinho, quando você realiza um sonho.

Não que amigo não seja crítico, mas carrega o prazer em prestigiar. Ser amigo não é sobre se envolver, é sobre se comprometer. Simpatia pode ser quase amor, mas amizade é completamente amor, nasceu dele e não existe sem ele. Amigo guarda a sua alma.

Palavras-amuleto

Chacras são centros de energia, alinhados pelo corpo humano, que regem o conjunto da nossa estabilidade física, emocional, intelectual e espiritual. Quando um chacra está desequilibrado, afeta os órgãos ao seu redor. Na altura do coração mora o chacra cardíaco, diretamente ligado à capacidade de amar e ser amado. Muito além do amor romântico, pensemos no amor ágape, o amor universal por tudo e todos, inclusive amor pelos que não são considerados dignos dele.

Conectar-se com essa fonte, inesgotável, da capacidade de amar é iluminar-se e irradiar a energia que você deseja e precisa passar ao mundo. Não é mágica nem credo, apenas uma intenção consciente. A escolha de viver de peito aberto, de mostrar o coração, requer coragem.

Coragem é palavra-amuleto, um guia tão exigente quanto benevolente. Nasceu do latim *coraticum*, que significa a bravura que vem de um coração forte. No mesmo contexto, *coraticum* vem da raiz *cor ou cordis*, que abriga o sentido metafórico de *coração*, a sede das emoções, pensamentos, da vontade e da inteligência. O ponto no corpo que une alma e mente. Um coração que bate mais forte dá ânimo, nos move.

No português, a palavra *coraticum* foi alterada com o sufixo *agem*, que indica a *atuação de alguma coisa*. Ficamos com a "ação do coração". Ficamos com aquele que não foge ou se esconde dos próprios medos, mas que os enfrenta com a ajuda de sua força interior. O corajoso é vivaz, é gente com o coração batendo mais forte, é pessoa mentalmente fortalecida por lidar de forma transparente e natural com suas emoções e sua vulnerabilidade. É preciso coragem para ser feliz.

Palavras-guia

Cientificamente, energia se relaciona ao potencial inato para executar um trabalho ou realizar uma ação. Existem muitas formas de energia. Independentemente delas, a energia potencial é a energia armazenada. Aquilo que, movido por uma ação, se transforma em força. Tudo em movimento transfere energia, e é um alento saber que todos os seres a têm. Seres potencialmente imensos no agir e no realizar com independência. Nós todos, o tempo todo, estamos inter-relacionados com energias alheias. Isso é física.

Energia é uma das minhas palavras-guia. Não é um amuleto, é um alerta para a consciência, um chamado para um ponto de vista quando nos fazemos cegos. Palavras funcionam como bússolas internas, ajudam a identificar fora de nós o que há em nós. Pelo chamado orientador dessa palavra-guia eu fico muito mais atenta aos sinais, às vibrações. É consciência, é atitude.

A energia afetiva abre caminhos e integra a força manifestada do Universo, e a potência energética do

Universo é transcendental. Possibilita que todos, sem exceção, sejam seres transformadores. Quando pensamos que não somos, é somente porque estamos desligados. O nosso exercício máximo de potência é nos conectarmos à usina de amor, inextinguível, que somos.

escrita amorosa é terra
preparada para plantio

amanhecimento de sonhos

floresceres, sem cimento

palavras entrelaçadas em futuras raízes

entrelinhas de cheiros

cheiro azul, malva, limão siciliano

framboesa e romã

palavras numa ciranda de afetos

escritas de sentimentos ancestrais

sabidos, íntimos

enquanto houver alguém

de outro tempo - de outro país -
outro universo - outra esquina

do mesmo quarto

que acredita na escrita amorosa

há de existir encontro no verso

e isso basta

alimenta a fome de amor

do mundo inteiro.

A paz

Sou de poucas promessas, respeito a palavra dada e não banalizo meus ditos. Sinto-os benditos, santuário de rimas, frases e orações.

Não dou voz ao que não sou. Sou crédula, discípula das palavras, rimas, frases e orações. Nem sempre as palavras que eu escolho me escolhem. Hoje, escolhi a palavra contentamento e fui escolhida por outras duas, cumplicidade e extraordinário.

Cumplicidade tem origem latina que explica a dificuldade, a complicação que é ser cúmplice. A grandiosidade que é "dobrar junto" para estar próximo. O exigir abandonar-se para juntar-se ao outro. Isso só existe para os extraordinários.

Extraordinário, também de raiz latina, remete a algo além da ordem, acima do banal, não previsto, que inaugura um novo mundo. É singular, inigualável, excepcional, fascinante. Aquilo que vem para realizar a imprevisibilidade da vida. É o conhecimento que chega quando o aluno está pronto. Afeta de forma surpreendente, extraordinariamente. Como é, nunca como deveria ser.

Hanna Arendt, a filósofa-política alemã, ao escrever sobre a condição humana, trata a imprevisibilidade como um dos princípios da vida. "É da natureza do início que se comece algo novo, algo que não pode ser previsto a partir de coisa alguma que tenha ocorrido antes. Este cunho de surpreendente imprevisibilidade é inerente a todo início e a toda origem. [...] O novo sempre acontece à revelia da esmagadora força das leis estatísticas e de sua probabilidade que, para fins práticos e cotidianos, equivale à certeza; assim, o novo sempre surge sob o disfarce do milagre."

Na canção "Como nossos pais", Belchior e Elis entoaram de forma simples e brilhante *O novo sempre vem!*

Mas nada é sobre o que acontece com você, e sim como acontece em você.

Quanto mais sabedores de nós, menos impactados somos pelo entorno – ignorante de nós. O mergulho em si é uma descoberta libertadora, arrebatadora, um *looping* sufocante no escuro que no final dá certo. Buscar a consciência não é simples, mas é o melhor dos encontros. Sentir-se presente em si e para si vale a delícia da superação da dor do processo, que só termina quando encerramos por aqui.

Às vezes, descobrimos palavras-trilha que facilitam nosso percurso. Às vezes, nos deparamos com palavras-pedra que atrasam a caminhada. Não há atalhos, há novos sentidos para antigas palavras.

Todo dia, a chance de abrir os olhos, os braços e o coração para o novo, em nós. Ninguém precisa seguir o mesmo caminho, cada um descobre o seu.

A paz não é algo a alcançar somente no coletivo; a paz, essa palavra, assim tão diminuta, é muito íntima, muito particular.

Detox

A palavra é mágica. Não a use para fazer alquimia do mal.

Se o que for sair da sua boca puder espalhar discórdia, cale-se. Se é para causar dor, cale-se. Se é para destruir, cale-se. Se é para instigar o ódio, cale-se. Se é para multiplicar dúvidas, cale-se. Se é para caluniar, cale-se. Se é para envenenar, cale-se. Se é para entristecer, cale-se. Se é para acusar, cale-se. Se é para bajular, cale-se. Se é para maldizer, cale-se. Se é para desagregar, cale-se. Se é para injustiçar, cale-se. Se é para perseguir, cale-se. Se é para emanar energia negativa, cale-se. Se é para se vingar, cale-se. Cale-se para tudo que apodreça o dharma do planeta.

Morda a língua e engula toda palavra que amaldiçoa o universo onde habitam a sua alma e a alma do outro. Silencie o mal com força e fé e coragem e esperança, para que um dia suas palavras contribuam mais com o mundo do que o seu silêncio.

Silencie na alma os diálogos enfermos.

Palavras não ditas também gritam.

As benditas

A arte da palavra nos faz saber do mundo e, principalmente, de nós mesmos; amplia-nos.

Do baú que guarda a minha fala saem palavras ditas e benditas. Esconde também aquelas que eu ainda não disse, mas que eu sei que estão lá. Eu as direi. Os discursos não ditos são as possibilidades de palavras inéditas, que virão no momento delas.

Das palavras ditas pelo coração, são as que a memória guarda e revive os sonhos realizados. São as que curam dores, formam os afetos, e amores extraordinários feitos de novos apalavrados. Roteiros originais.

Desenho com palavras artesãs que juntam vozes e grudam lábios. Línguas estranhas. Línguas e entranhas. Lambem a alma. Gosto das palavras de encaixar, pontes entre línguas. Palavras sagradas, que flutuam telepáticas – indecifráveis. São benditas com os olhos, suor, arrepio. São mesmo prediletas as palavras do diálogo entre peles.

quando eu sinto muito,
choro palavras, rio versos.

Serendipidade

Estou sempre pronta para tropeçar na sorte, mesmo que rale os joelhos. Para conseguir ver anjos onde muitos veem assombrações, para ver a ponte onde outros enxergam só buracos. Sou crédula na nossa capacidade de mudar o dia, a vida e o mundo. Apostar todas as fichas naquilo que inspira. Tenho fé na minha magia e na do outro também.

Serendipity é um beijo no meio da frase, é a borboleta que pousa no ombro, é ver Deus no espelho. É o que chega sem aviso para morar no seu coração. É abraçar o desconhecido e cair no colo da sorte. A sorte não é um mero acaso, é fruto do seu flerte com a vida. Sorte é perder o voo para ganhar o amor. É chegar atrasado e se sentar na primeira fila. É abraçar o inesperado e ser correspondido. É encontrar soluções impensáveis para questões não formuladas. A centelha que acende a criatividade. A resposta que chega antes da pergunta. É soltar o controle e ligar a intuição.

Serendipity é a derivação de uma palavra criada no século XVIII pelo escritor inglês Horace Walpole, que se inspirou no conto persa infantil *As Três Princesas de Serendip*, em que as protagonistas viviam, a todo momento, descobertas incríveis, pelo simples acaso. Não é coincidência a origem dessa palavra estar ligada ao universo infantil. Segundo o cientista Louis Pasteur, o acaso favorece a mente preparada. Eu ouso complementar que favorece a mente preparada e o coração puro. Chamar para si a sorte é manter-se curioso, ter olhos infantis diante do desconhecido.

Serendipity é a prontidão de agir inteiramente no amor.

Giramundo

O mundo gira sem nós, sem nosso ego, sem nossos apegos.

Pequenos que somos, ainda não nos acostumamos a essa bela e libertadora realidade. Atribuímos tanto significado a nós mesmos que os fatos nos escapam. Amiudamo-nos inflados de quereres e vazios de saberes, até que o real nos alcança.

O que for, quando for, é que será o que é, diz o genial Fernando Pessoa por meio de Alberto Caeiro.

Sabemos que a vida é fluxo, expansão. O instante é como uma pedra na água. Se permitido, amplia o acontecimento, reverbera, transforma-nos em movimento, atuação no rio da vida. Queremos isso e não queremos, porque escolhas são renúncias e trazem a angústia da imprevisibilidade. Partimos caminhos não sabidos. Não gostamos de fazer escolhas, procrastinamos. Sabotamos.

Cada palavra traz na sua etimologia a sabedoria da prática, do uso.

Ao pensar em quereres barrados, lembro-me de sabotagem – que vem da palavra francesa *saboter* –, que significa caminhar ruidosamente de *sabot*, o calçado com sola de madeira, tamanco. A explicação popular diz que durante conflitos trabalhistas na Europa no início do século XX, os operários jogavam seus tamancos nas máquinas para deliberadamente estragá-las. O uso da palavra remete, também, à metáfora de "agir desajeitadamente como quem caminha com tamancos volumosos e pesados". Isso diz muito sobre sabotar o outro e mais ainda sobre sabotar a si mesmo. Retirar os tamancos, diante da possibilidade de algo bom, significa ter mais leveza, mais mobilidade, flexibilidade, maior rapidez e, certamente, mais sucesso.

Sucesso também poderia ser uma palavra afetiva, vem do latim *succedere*, que, além de êxito, significa aproximação. Requer boa vontade. Requer aposta na vida.

Os homens não têm de fugir à vida como os pessimistas. Como alegres convivas de um banquete que desejam suas taças novamente cheias, dirão à vida: uma vez mais – Nietzsche vem lembrar que a vida é uma professora incrível.

Evoluímos quando decidimos prestar mais atenção às lições para esvaziar o nosso futuro de tanto passado. É isso ou ser sempre repetente. Na roda da existência, devoramos o inerte em nós para despertar o novo em nós.

Tudo retorna, nosso olhar é que muda.

fica decretado
que poetas não morrem.
poetas são insubmissos
à morte.

Ciranda

Tem dias em que a brutalidade do mundo insiste na gente. Opiniões rudes assoreando a alma e, quando me dou conta, estou cavoucando crostas de amargura que nem deveriam me pertencer. Nesses dias só a poesia cura.

A poesia não salva o mundo, mas salva o minuto. E isso é suficiente – ratificou a poeta portuguesa Matilde Campilho. Que bobagem seria a vida sem a poesia. Eu faço uso da poesia para passar a dor, um bom gole de versos nobres desengasga a vida. Poetas são janelas; neles localizamos a melhor vista dos sentimentos. É no colo dos poetas que as palavras do mundo caem, todas elas. Palavras amargas, inclusive. Contudo, no poeta, o doce não estraga quando o azedo chega.

Corações sensíveis duplam bem com mentes brilhantes, sabem fazer da língua espada, donos do mel e do fel. Poesia é uma lambida de fogo no espírito. Jamais subestime quem fala sem medo, nem cante vitórias sobre quem escreve histórias. Fala melhor quem escreve por último.

Poetas são humanos demais, carregam a sensibilidade das estrelas tímidas. Não é fácil sentir, mais do que todos, a feiura do mundo. E divulgar, mais do que todos, as belezas de tudo. São guerreiros vulneráveis, mas insubmissos à morte. Gigantes que exigem cuidados. Queria abraçar todos os poetas e brincar uma ciranda. Fazer uma casa de afetos e de zelos, onde os poetas nunca morrem.

PARA ACHAR NA ARTE

arte dói doce

arde e cura

Atemporal

Na orla de Batumi, no Mar Negro, todas as noites às 19h, durante dez minutos, duas imensas esculturas em aço, um homem e uma mulher, se movimentam determinadas uma em direção à outra, se encontram, se entrelaçam e se despedem transpassando seus corpos metálicos de oito metros de altura. Em seguida, permanecerão distantes e imóveis durante 23 horas e 50 minutos, até o dia seguinte às 19h.

A artista georgiana Tamara Kvesitadze criou essas estátuas em 2007 e as renomeou de Ali e Nino ao se inspirar na história narrada pelo escritor azerbaijano Kurban Said, que na década de 1930 publicou *Ali e Nino: uma história de amor*. Ela, uma princesa cristã, e ele, um menino muçulmano, num amor impossível de ser concretizado.

É a arte sobre a arte.

Cada pessoa, que é um mundo único em si, interpreta a obra de maneira muito particular. Para alguns, mostra o amor impossível, para outros, a predestinação do encontro, ir ao encontro de algo sabido, antes pela alma, mesmo que negado pela razão. Também pode comunicar a fusão física imperfeita, temporal e objetificada, apenas no plano do uso, ou falar lindamente da amplitude da atração magnética, da complementaridade das almas, necessárias em duo para construir coisas grandiosas.

A versão filosófica me interessa, afirmando que a obra nos remete ao amor nos três mundos de Platão: Psique (mente), Soma (corpo) e Nous (intelecto).

A Psique, temporal e finda, que pode durar parte desses dez minutos ou dez séculos e compreender todo o processo de aproximação, fusão e separação das estátuas pessoas, é o instante de percepção da arte.

Soma, a irresistível atração no plano físico, que aproxima conceitos tão desiguais como prazer e felicidade.

O Nous, mais do que tudo, é a essência.

Apreciando uma obra de arte, somos despertos. E fica mais fácil entender a vibração da presença, da beleza, da atemporalidade do que nos atravessa. Os dez minutos em movimento permanecem nas estátuas durante os mil quatrocentos e trinta minutos imóveis do dia.

Porque todo encontro transformador permanece.

No instante da arte, Chronos, o deus devorador do tempo, o nosso implacável tempo cronológico, inexiste. Estamos mais perto de Kairós, o deus do tempo oportuno, do nosso tempo percebido, no momento individual que independe do relógio, em que um minuto sem resposta equivale a um dia de agonia.

A essência da arte vai além e encontra o tempo de Aion, o deus do ilimitado, que não conhece passado ou futuro, e décadas podem mudar em um segundo – é o tempo da transformação.

A arte é elo, entremeia tempos. É flor atrevida, nasce onde bem quer. Foge do artista e se desdobra livre de donos e de tempos. Revela. Morre nunca. Revive.

Contemplo o encontro dos gigantes Ali e Nino, penso em almas capazes de se complementar em todos os mundos. Almas parceiras, reunidas no tempo de Deus.

Um feitiço

A arte comunica o indizível. É uma ponte entre emoções imprevistas pelo artista e o observador.

A arte invade ou simplesmente não entra.

Das artes, a música é, segundo Nietzche, a que mais preenche de sentido a vida. A vida sem música é simplesmente um erro, uma tarefa cansativa, um exílio, disse o filósofo.

Música, a palavra, vem do grego *mousikê*, que significa a arte das musas. No encantamento da mitologia grega, a música já se coloca como a expressão máxima da arte, a representação pura da vontade. Do ritualismo pré-histórico à música clássica, todos os ritmos são signos de amor, paz ou guerra.

Música é matemática, tem métrica, mas também é libertária, indefinida, ilimitada, caótica, sonhadora, transcendental. Anárquica. Cadência de um tempo individual de sentir, de fazer amor com o Universo, ignora limites, independe de referências. Também é coisa sagrada, paixões às cegas que combinam sons e silêncios em temporalidades ritmadas. Um feitiço de encantar.

A arte nos empresta a emoção do outro e nos toma para si. Músicas são tradutoras dos amores e das dores que enlaçam o humano. Porque a arte não nos permite estar apenas em nós.

Alô. Chico Buarque?

Há muitos anos, o fotógrafo Sebastião Salgado pediu para eu escrever uma espécie de carta-manifesto para o então presidente Fernando Henrique Cardoso. Passou o mínimo de instruções (ele detesta se alongar em detalhes) e disse, com aquela tranquilidade de gênio, que pessoas iriam me procurar e se ele poderia dar o número do meu telefone. Pessoas? Quem? Ele respondeu: a princípio Fernando Morais, talvez o Chico, discuta com o Fernando se não quiser ser muito incomodada. Pensei: ah, para, pera, que Chico? Nem tive coragem de perguntar, sabia bem quem era.

Era ele o de Buarque, o de Hollanda. O meu ídolo maior, o cara que escreveu as músicas com as quais eu fui alfabetizada nas artes pelo tio Antonio, que ficava horas me explicando as intenções sob palavras possíveis de passar na peneira da ditadura. Com menos de dez anos, o caderno espiralado de trezentas folhas era o meu universo, era o reino que eu amava viver, entre as letras das músicas da trilha sonora dos meus sonhos. O rei do meu universo era ninguém menos que Chico Buarque, lindo na totalidade do ser. Meu, sem defeitos.

A possibilidade de receber uma ligação do Chico me fez andar a vinte centímetros do chão durante dias. Minha casa ficava em um declive em frente ao mar, e existia um platô onde fizemos uma espécie de *playground* para os meus filhos, cercado por pequenas toras de eucalipto para impedir que os pequenos descessem para a praia. Foi ali, sentada nesse platô, olhando para o mar, que esperei Chico Buarque me chamar. Tanto mar... Como uma atriz, ensaiei meu texto para contracenar ao telefone com Chico. Olhando para o mar, sentia a segurança de quem olha nos olhos.

Porém, Tião, o Salgado, interpreta o mundo de outro jeito. Ele, aimoreense como eu, é cidadão do mundo. Ninguém é maior que ele e ninguém é menor do que ele. Então, ele orientou Fernando para filtrar as dezenas de ligações que eu deveria receber.

Falar com Fernando Morais, jornalista, escritor talentoso e inspirador, já foi um acontecimento na minha vida. Ligou para mim do alto da simplicidade dos grandes: "Oi, Aurê, aqui é o Fernando, amigo do Tião, pode falar agora?". Pensei: como assim? O cara escreveu Olga e o Chatô, claro que eu posso falar! Fernando, perfeito profissional, decidiu triar as ligações, pegar os depoimentos, para que eu não fosse incomodada demasiadamente, já que eu escreveria o texto inteiro e ainda cuidaria da divulgação. Aiaiai, Fernando. Ficou o sonho.

Até hoje imagino minha conversa ao telefone com Chico Buarque, com o mar como testemunha.

PARA
ACHAR NO
AMOR

amor é assim,
essa coisa toda indefinida.

existe no intervalo
das incertezas.

Somos instantes

Minha amadinha mal passava da altura dos meus joelhos. Esqueci seu nome, o espaço da memória preferiu o registro do sentir. Nenhuma palavra, nenhuma fala, nenhum som foi necessário, conectamo-nos pelos olhos, pelo gesto e pelo coração.

Enquanto esperava uma amiga e anfitriã, vi minha amadinha num espaço de terapia ABA, relacionado aos cuidados do autismo. Eu na recepção e ela no jardim; entre nós um vidro, entre nossas almas nenhum obstáculo. Quando me dei conta dos dois olhinhos curiosos fixos em mim, tamborilei no vidro, ela respondeu imediatamente. Sorrimos. Repeti o gesto, ela também. Empolguei-me em variações com os dedos no vidro, fiz a formiguinha, a aranha sobe, a abelhinha, ela acompanhou todos os movimentos com dedinhos espertos.

Sentindo a despedida iminente, espalmei uma mão no vidro, ela encaixou a mãozinha na minha, espalmei a outra, ela também.

Minha amiga chegou.

Girei as mãos em um tchau cheio de gratidão. Uma bebê de uns três anos, uma conversa, sem fala, de três minutos, gargalhadas sem áudio, cumplicidade brilhante, esse conjunto conectou-me com a minha essência. Mergulhei naquele amor presente.

Instantes em que o amor me beija na testa, como já fez tantas vezes. A vida pode ser farta, deliciosa e cheia de amorosidade quando a gente se permite esses pequeninos encontros de amor. Instantes que fazem da caminhada um passeio em pedrinhas de brilhantes. Por isso, o meu amor não passa, fica. Pacifica.

um amor inteiro

olhar-se no espelho com autoridade
e afirmar: o amor existe

em tempos duvidosos, isso basta.

Mesmo que não saibamos, queremos

Quem não quer um amor-poesia?

Amor macio feito travesseiro de pluma, confortável como camiseta de malha. Daqueles que deixam o cabelo bagunçado, o sorriso bobo e o coração tranquilo. Dos que fazem o tempo navegar sereno, mesclam sol, suor, mar e saliva.

Amor para brincar de poeta. Alguém que saiba costurar estrelas a letras. Amor cheio de estreias, inaugura versos, de rimas ricas e cadenciadas.

Amor-leito, onde as almas dormem de conchinha e fazem, das manhãs geladas, amanhecimentos inesquecíveis.

Quem, por mais louco, não quer um amor em que nada é pouco, e tudo nunca é muito?

Amores urgentes, sem pressa. Entrega de pagar promessa. De tirar o fôlego, pessoas que nos reescrevem, que nos reinventam.

Amores que nos ancoram e não nos deixam partir de nós. Profundamente leves, amores de fazer rir até sozinho.

São esses amores que, mesmo que não saibamos, queremos.

encaixe é o corpo ensinando amor

dois eus e um nós

um terceiro

um nó que dupla em nós

amor fala mais alto é pelos poros

aproxima os corpos, constrói

novas fotos, novas permanências

discurso real do amor é
a avidez da língua

amor é ímã

atrai almas

une

desconhece distância de corpos

amor, por si, é invasão

terrenos jamais desabitados

você se rende ao dominar

a mente esquece, o corpo permanece

instante sem tempo

uma vez amor, sempre amor

corpo timoneiro num mar de fluidez

uma confiança no acaso

o amor está quando dois
fluem no mesmo rio

é rir junto e preparar drinques

é a lembrança de um encaixe.

Já se apaixonou hoje?

Se tem uma coisa que eu gosto de ser é apaixonada. Conheço muita gente tão ou mais nutrida de paixão do que eu, mas sei também que sou incompreensível para os que adotam uma postura contida diante da vida. Questão de estilo, não cabe julgamento.

O que me intriga é o temor que a paixão provoca em quem não a aceita. Como os mais apaixonados transformam-se em alvo de gente incapaz de se contagiar com o entusiasmo alheio, ainda que este lhe favoreça. E a incapacidade de lidar com o fogo no olhar do outro, muitas vezes, causa uma intenção perversa, tipo: não te decifro, por isso, te devoro. Incapazes que não perdem uma chance de tecer teias subterrâneas, viscosas, para diminuir o passo, bloquear o caminho, sabotam o próprio sucesso para impedir o seu. Gente ruim que anda pela vida zumbizando, precários, esfarrapados espiritualmente. Arqueiros ocultos por detrás dos muros, alvejando pelas costas o que Eros atingiu no coração.

Contudo, guerrear contra a paixão é delírio, perdição.

Paixão é o puxadinho provisório que vira casa permanente. É virose de verão, febre, uma quase morte que a loucura cura. Chegar ao ápice de uma paixão é subir todos os degraus da coragem e acender o fogo do outro com a própria chama. Preencher-se com o melhor combustível da vida. É quando tudo joga contra e o coração ganha a partida.

Delícia é uma boa palavra para resumir paixão. Depois de delícia, não restam muitas perguntas. Às que restam, o Rappa responde.

Tem razão quem tem paixão. Tem razão quem fala com a voz do coração.

o impreciso está à porta

traz beijos de futuro e sonhos de ontem

só vejo metade do meu amor inteiro

abateu o meu coração

tamborim

reabriu o terreiro

cantou samba

amor arteiro

nunca sei

se amanhã não for

ontem esteve

com certeza,

sinto o cheiro do seu tempo em mim.

Amadores

Se eu amar, quero que todos tenham certeza disso.

Esbanjo. Curto, compartilho e comento. Ser abundante no amor, inundar de sentimento o dentro e o fora de mim. Meu amor é gratidão. Plenitude, grandeza e energia. Não cabe no sigiloso, no discreto. Gosto de amor explícito, do tipo que aplaude, que veste a camisa, que senta na primeira fila. Amor que lambe, morde e rosna, se for preciso.

Uma fã de amores fanáticos. Amo o que declamo.

Amor é o que me inaugura todos os dias. Um recorrente amanhecimento de vida, quando amo mais. Se o poeta é um fingidor, como escreveu Fernando Pessoa, finge por amar o amor. É sempre por amor que se inventa um outro dia, uma nova manhã. O amor não se contenta, quer sempre viver mais um dia, quer mais uma poesia.

"Black", música de Eddie Vedder, tem o tempo de uma vida de dores e amores. Há vinte anos é a minha predileta. Dizem que evoca a dor, eu só ouço o amor que ela traduz. Será que ouço apenas o que sinto?

Quando amo sou mulher, lua e poeta. Explico, soletro, clareio. Apalavro o amor. A soma de todas as cores. Sou "Black", porque fui arco-íris. Ressuscito-me. Sei o caminho. Mapeei-me. Nos pedaços de um amor partido faço mandalas, portais de novos mundos. Um mundo de amores simples e também transgressores. De calças rasgadas e corações inteiros. Viver é *punk*, amar é *grunge*.

No meu coração, "Black" ecoa feliz.

Tristeza é não amar.

É render-se à conveniência, à aparência. A flacidez diante da taquicardia. É não ter lugar para si.

par perfeito

existe?

somos ímpares

só nós

nos apertamos

afrouxamos, desfazemos

com sorte, nos enlaçamos

com ou sem plateia

me enfeita de amor

me olha

até cabermos um no outro

fica

até virarmos presentes.

Não nos perderemos

Amor não se pede, é fato, muito menos se impede.

Ele brota, refloresta, emaranha no éter.

Meu amor subiu pelo colo e permaneceu assim, gratuito. Saciou e manteve-me faminta, preencheu e exauriu, e nunca basta.

O melhor do amor é que ele se especializa pela prática, não permite charlatões.

Médicos, cientistas, filósofos, todos teorizam e lá vai ele cair no colo dos poetas.

Porque só conhece quem se entrega, discurso de amor não convence. Amor faz casa nos puros de coração, descomplica sem se acomodar, por vezes avassala, mas sempre abençoa.

O poeta cantou: *O nosso amor a gente inventa.*

Lacan afirmou: *O amor é dar o que não se tem a quem não o quer.*

Eu defendo: *Se amor é inventado, é a criação suprema que mais nos evolui.*

É através do amor que a humanidade volta para casa.

Amando, não nos perderemos.

amor vem com lente de aumento

te vê gigante

te amplia os passos

multiplica braços

te engrandece a alma

cura

te inventa maior e melhor

te melhora o olhar

te expande

ame quem te faz se amar mais

ou não ame

o amor

um arrebatamento de almas?

não se explica o que não se questiona

sabemos quando é

e não há nada a fazer sobre isso,

exceto amar.

PARA
ACHAR NOS
FILHOS

Elas existem

O exemplo de amizade que quero deixar para minha filha, Carol, é o que equivoca o senso comum. Contradiz a maioria que afirma que mulheres são traiçoeiras umas com as outras, que podem e vão utilizar suas confidências contra você. Que mulheres competem do vestido ao marido, que detonam autoestimas, mostram os dentes na sua frente e afiam a língua nas suas costas. Seres que recolhem a mão diante dos seus tropeços e aparecem para tapinhas nas costas quando você oferecer o jantar, que dividirão a sobremesa com você e cuspirão veneno quando você se ausentar. Tudo isso existe, é verdade.

Contudo, existem aquelas pactuadas com a sua felicidade, seu sucesso e sua paz. Aquelas que respeitarão seu jeito, seu vestido e seu marido. Mulheres que consolarão sua dor e aumentarão a própria alegria quando você for insuportavelmente tola e feliz. Amigas que te avisarão dos perigos, multiplicarão seus amigos, falarão verdades e desmentirão mentiras a seu respeito. Que chorarão e rezarão com você e por você. Aquelas que não te cobram nada e te oferecem o que te faz feliz.

Lealdade, respeito e boa intenção nas amizades femininas. Filha, tudo isso existe, é verdade.

A mãe que te pariu

Que tipo de homem será aquele que você pariu?

Mãe de menino deveria ler diariamente essa pergunta.

Fazer de um bebê do sexo masculino um homem é desafiador. É muito mais consciência do que instinto. Diferente da osmose do feminino duplado com uma filha, construir um masculino no outro, possuidor e vulnerável a sua falta, é quase um milagre.

Permitir que um filho seja homem o bastante para estar inteiro com outra mulher é abandonar-se no outro. Generosamente, é desengoli-lo para permitir que o amor de mãe se realize no amor do filho, que é diferente do dela. Mas isso é raridade.

Com gula primitiva, machos são tragados pela bocarra esponjosa de mães bem-intencionadas. Pecado sem perdão. Homens sem ação. Vacilantes, amorfos, encolhidos, ventríloquos do ventre, inativos. Ou pior, estrategistas de um plano de vingança contra mulheres inocentes, mas com parcela de responsabilidade na origem.

Mães, ensinem o seu menino a chorar, ajudem-no a entender que uma cor é só uma cor, permitam-no sentir e expressar, livre do julgar. Ensinem, quantas vezes for necessário, que uma vassoura, um fogão e uma pia não pertencem a um gênero. Repitam: a força do caráter é a mais importante, muito além da força física. Reforcem que a igualdade deve ser o melhor caminho até tornar--se o único. Ensinem seu filho a idealizar um mundo onde os homens sejam generosos como meninos. Ensinem-no a sonhar.

Alquimistas de nós mesmos

As digitais são formadas pela nossa herança genética e são lapidadas pela movimentação intrauterina do feto na barriga da mãe. Nando trouxe essa informação, com naturalidade, no café da manhã, observando que, por esse motivo, nem gêmeos univitelinos terão o mesmo desenho na ponta dos dedos. Mães sabem que aprender com um filho é sempre mais surpreendente. Nando me mantém encantada pela vida.

Passei o dia pensando nas mais de sete bilhões de pessoas da Terra e que cada uma se movimentou de forma única na sua geração, criando, desde a fecundação, um universo inteirinho só seu. O desafio é compreender a dimensão desse universo, físico e espiritual, para entender o que o autoconhecimento pode fazer por nós.

Fica urgente um mergulho nas abissais águas misteriosas que escondem os próprios tesouros, tantas vezes reféns da fúria dos nossos monstros. Quem está disposto a se conhecer, com o tempo há de ajustar intensidade e velocidade, e o mesmo vento que produz o furacão em nós passa a ser direcionado para velejar num mar de águas tranquilas rumo ao encontro da própria nascente, até o dia de beber da fonte da água limpa e sagrada.

No fim do dia, seguro uma taça de vinho tinto, observo as minhas digitais quentes, pulsantes no contato com o cristal frio. Creio que descobrimos mais da nossa essência quando nos degustamos em pequenos e atentos goles, livres das ansiedades, quando somos como um vinho que não agrada a todos os paladares, porque simplesmente não precisa, não foi criado para esse fim. Basta oferecer uma gama autêntica de sensações que o outro experimenta, e interpreta de acordo com o seu único e próprio universo. Atuamos, ao mesmo tempo, como degustadores e donos da própria vinícola.

Conhecer-se é trabalhoso, mas só assim aprendemos que paladares exigentes se aproximam de vinhos diferenciados e exclusivos, enquanto permanecer no conforto da superficialidade é viver no risco, recorrente, de se ofertar às cegas ou degustar pelo rótulo.

Sabedores de nós, tornamo-nos alquimistas de nós. Aprendemos a mágica. Tanto poder há de ser apaixonante ou aterrorizante. Seja como for, prevalece a verdade de que sou única, está no desenho da dança escrita, no útero de minha mãe.

A inteligência do coração

No coração existem cerca de quarenta mil neurônios geradores de uma inteligência própria, que processam estímulos antecipadamente e enviam sinais ao cérebro. O acesso a essa inteligência intuitiva influencia o modo de perceber, pensar e reagir ao mundo. A verdade é que o cérebro ouve o coração, e isso explica muita coisa.

Quando, por qualquer razão, o coração emudece, o cérebro fica sem essa fonte de sabedoria. Existem várias técnicas de coerência cardíaca para sincronizar o cérebro e o coração, contudo, só existe uma técnica para fazer um coração mudo voltar a falar: o amor. E a prática do amor é o que nos ensina a amar. Praticar é ser.

Lacan, o psicanalista francês, defende que o amor é uma invenção humana, criada somente para suprir a falta do instinto natural do animal racional corrompido pela linguagem. Ainda assim, existirá a linguagem do coração.

Quem acredita nisso sabe qual o seu ponto de paz. É quando somos e deixamos ser, é permanecer num lugar de vulnerabilidade e potência, é chegar aonde nem se sabia querer ir. O budismo diz que quem ama é capaz de enxergar as potencialidades do outro, quem ama deseja a realização da potência do outro. Tomás de Aquino se referiu a isso como o querer bem. Amar basta, amar é o suficiente.

O que nos trouxe até esse momento foi a colaboração, e não o litígio. O neurobiólogo chileno Humberto Maturana associava o amor à sobrevivência: *"O solo acolhedor para o florescimento humano é o amor"*. A sabedoria do coração nos dá pistas de tudo o que é belicoso e que nos afasta de nós e da nossa evolução. Amar nos limpa da ilusão de que existe vencedor e perdedor, de que somos um e não o todo. O mar, de modelos de vencedores individuais, pode parecer bonito ao longe, mas de perto não é navegável.

Não há nada de errado em ter, desde que o preço não seja *deixar de ser*. Quem é nada, ainda que tenha tudo, só consegue entregar o nada ao mundo. Apenas retira, nunca repõe, não soma, não multiplica.

Antonio, meu filho, é do tipo que ama porque é feliz e é feliz porque ama. Ele exercita, sem nunca ter estudado, o conceito da bondade amorosa. Viver com Antonio foi o que despertou em mim a curiosidade para a inteligência do coração.

Não foi fácil tornar-me uma aprendiz; demorar em um olhar generoso, afetuoso, é um desafio. São esses olhares as trilhas das retinas para o caminho que leva ao amor da vida, ao próximo, ao amor pelos filhos e pelos pais, pelos amigos, pela nossa importante parcela na construção do mundo. Não importa a natureza, é a intensidade da nossa relação com o bem, com o bom, com o deus que habita em nós, que ratifica o amor verdadeiro.

Sem pactuar com o divino, em nós e em tudo o que nos cerca, jamais encontraremos a trilha escondida, sufocada por tantas tolices disfarçadas de importâncias, que muitas vezes permitimos que se amontoem em nossa rotina e ceguem os olhos.

Existe um Antonio vivendo em cada um de nós, aguardando para ser encontrado e instigado à prática do amor e da bondade. Ache-o e cuide bem dele.

Conselhos de mãe

Dê chances. Não vou tirar o direito que você tem de errar.

Corra para o encontro não planejado, o inesperado vai assinar suas melhores memórias.

Não manipule – não julgue – não critique – não magoe – não dispute. Todo o poder vem da renúncia a ele. Seja cúmplice na bondade.

Faça amor com quem te ama. Faça do coração uma boa cama.

Divirta-se com a tecnologia, fantasie, fotografe, faça registros.

Equivoque a vaidade. Você não tem idade. Tudo isso é ilusão. Afaste de si a ignorância. Não argumente, não justifique. A vida é eterna, e sua forma pode durar cem anos ou cem dias.

Materialize sua grandeza. Mude o mundo com sua presença. Não se acovarde. Não seja miúdo. Supere seus traumas. Fale. Grite na praia deserta. Expanda-se. Rompa com tudo que restringe sua alma. Reze.

Agora. Só por hoje, diariamente.

ser grande no sentir

ser grande na bondade

ser miúdo, filhos

só nos traumas

PARA ACHAR
NA GENTE,
NO OUTRO,
NO UNIVERSO,
EM DEUS

em algo você é inigualável,
não se distraia de você

Código do ser

Não importa quanto dinheiro você gerou ou quanta fama tem. Se você ainda não descobriu que é aquilo o que espalha, e não o que junta, você está fracassando e nem sabe. E se não crê na imortalidade da alma, nem sequer terá uma segunda chance de aprendizado. Cada dia de caminhada sem propósito é um dia perdido para nós, almas perenes em corpos provisórios.

Somos sempre muito secretos para nós mesmos.

Somos mais o que não sabemos do que o que sabemos ser. Tudo o que silenciamos ao espelho e revelamos aos travesseiros.

Deuses imaginários são aqueles que se permitem perder o que jamais possuirão: o tempo. Ao nos tornarmos sabedores das incertezas, ajustamos mais a intuição às pistas que colhemos na caminhada. Aprendemos a lançar um olhar mais demorado às sutilezas que antes passariam despercebidas. Silenciamos a mente para ouvir a respiração. Exercitamos o aprendizado de interpretar os sinais do nosso corpo.

Quando os ouvidos captam melhor os passarinhos, a pele faz conjunto com os olhos que brilham, a boca sorri fácil, os coléricos não nos contaminam, os sarcásticos não irritam, os apressados não estressam e os maldosos não nos alcançam. De alguma forma sabemos que nossa conexão com o Universo está se expandindo.

Quando não encontramos outra coisa além de amor para oferecer ao mundo, compreendemos que somos corpo alinhado com alma. Inseparáveis. Quando não existem mais dores de cabeça, no peito, ansiedade, engasgos, desaparece também o estado de alerta. Sentimos novamente o cheiro da nossa essência, a gente se acalma, relaxa. De uma forma mágica, acreditamos que tudo está bem, tá tudo certo. As pistas indicam que tudo será perfeito neste caminho de luz e paz.

Mas não há garantias. Certezas caminham na contramão da maturidade.

Ainda ontem, meu primeiro show, meu primeiro beijo, meu desejo, minha confusão. Ainda ontem, nem sabia sobre sofrer, não havia pisado o chão, andava sobre as nuvens e corria de sol em sol. Ainda ontem, deitava sob as estrelas mineiras, em camas de petúnias, e cheirava a jasmim com alecrim. Vivia e dançava. E só, e tudo e muito. Não havia medo, mas também não era valentia, era a sorte dos inocentes felizes. Ainda ontem, meus poros se abriam para iluminar noites que caíam em pleno dia. Nem sabia o que sentia, era sempre para além da alegria. Ainda ontem, eu dançava, amava, vivia e ria. Não sabia, só fluía.

Hoje, penso.

Sentimentos são reflexos

O ser humano não se enxerga no nada, sente naquilo de si que consegue identificar no outro. Somos espelhos ambulantes à procura do próprio reflexo. Podemos até refletir de forma distorcida o que vemos, mas o que não podemos é refletir aquilo que não vemos. E só vemos o humano do outro vendo o nosso humano no outro. Complexo?

É um ato simples porque não exige esforço, é natural, o que vemos no outro é o que nos revela. Se, ao longo da vida, deparamo-nos com espelhos que nos distorcem, provavelmente repetiremos esse padrão ao refletir o outro. E, ao distorcermos as imagens fora de nós, mais nos distanciaremos de nós. Dalai Lama afirmou que na frente de um ser humano sente-se outro ser humano, e só. E isso é muito. E isso é tudo se compreendermos a dimensão do humano que trazemos.

Quanto mais sentimos, menos rastreáveis e previsíveis ficamos. A complexidade do sentir profundo nos livra dos padrões facilmente lidos por algoritmos, e permitimos a inteligência do coração sobrepujar a inteligência artificial. Existir é esvaziar-se do ontem para a vida do hoje, dia sim, dia também. Quanto mais vazio o copo, mais cheio ele poderá ficar.

O filme *Avatar* popularizou a expressão *"Eu vejo você"* como análoga a *"Eu te amo"*. Para encontrar o inigualável que habita o outro, é preciso oferecer generosidade para enxergá-lo como igual. Entendendo a vastidão dessa singularidade, alcança-se uma sofisticação no olhar que é fruto do puro amor. Compreende-se que o outro que nos reflete é único, que independe de você e de mim, que ele está fora de nós e, ainda assim, é ele integrado a nós. Entender que formamos um todo é aceitar o amor que nos origina. Muito além de ser o ponto de partida ou de chegada, o amor é o caminho.

Baruch Spinoza, o brilhante filósofo holandês, é considerado, por muitos, um ateu. No entanto, num dos seus mais importantes textos, "Ética I", Spinoza afirma que Deus é imanente, não intransitivo. Significa que Deus está intimamente ligado à Natureza e, necessariamente, está em cada um de nós. Deus mora na fluidez dos mares, na fundura dos lagos, no gelo que cobre os topos das montanhas; também mora na pétala de uma flor ou nas asas inquietas de uma abelha. Ele também está num único grão de areia. Contudo, necessariamente, Deus habita os nossos olhares.

Diante de olhos que te contemplam, apenas sinta, reflita e retribua o amor sagrado. Que sejam incrivelmente amados os que nos veem, porque eles confirmam o reino de Deus em nós. Os olhos que veem o melhor de mim são os olhos de Deus para mim, neles sou acolhida, ganho alma recém-inaugurada e sinto-me a guiar com pés e mãos que jamais se distanciarão. Fico inocente.

um mundo melhor é construído
de suavidades

não é verdade que os brutos também amam

amor é o exercício da delicadeza.

Abrigo

Amizade é sentimento construído nas certezas de colos doces em horas incertas. É uma esquisitice. É ter tudo sem pedir nada.

Conquistar um amor pode parecer mais difícil do que conquistar um amigo. Certamente não é. Amizade enlaça.

O amor tem lá seus mistérios e caprichos, mas também tem elementos que apressam e facilitam a entrega – pele, cheiro, toque. O amor é favorecido pelo físico, pela matéria ali presente, ao alcance das mãos. A amizade não conta com esse elemento, exige mais sofisticação.

Amizade é um querer bem que não se explica. É pura ética, elevação. Pressupõe uma raiz de generosidade profunda, um respeito à individualidade que promove naturalmente o recíproco.

Traições amorosas, ainda que provoquem dores, são menos devastadoras que a traição de um amigo. A amizade é livre, não há nela regras a transgredir. Não há nela nenhuma motivação para a maldade, para a crueldade. Vingança, carência, inveja, orgulho e tudo mais que nos tornam medíocres não entram no universo da amizade.

AURÊ AGUIAR

Sem lisura, sem retidão de caráter, não se constrói uma amizade. A má-fé é inimiga da amizade, é a inimizade disfarçada. O desejo, explícito ou não, de ser espectador ou mentor do dano ao outro só tem lugar em terreno onde jamais foi semeada uma amizade verdadeira.

Amizade é paz compartilhada. Blindagem natural para as mazelas da vida, é o que renova nossas esperanças na grandeza humana, é o que equivoca nossa precariedade. Amigos sentam-se e sentem-se, mesmo sem que se toquem. O calor que emana do coração generoso de um amigo dissolve geleiras da vida.

Amizade é a excelência humana, é o bem absoluto que gera o prazer absoluto. Nela não há espaço para preguiça ou distrações. Construção devia ser sinônimo de amizade. "Somos construtores há vinte e seis anos, desde a nossa infância!" Sejamos todos trabalhadores na construção da excelência humana, sem preguiças.

Para conquistar e manter uma amizade é preciso desfazer o mal em nós, diariamente.

amar é minha crença

sou praticante

Roupa de ver Deus

Hoje, cruzou meus pensamentos a expressão "roupa de ver Deus". O significado é uma roupa para usar em ocasiões especiais, provavelmente poucas. Mas eu me pergunto: se Deus não marca dia e hora para aparecer, como saber qual a roupa para vê-lo? E o local, qual é a janela em que Deus aparece?

Penso que Ele chega quando as nossas dimensões estão aptas a vê-lo. Parece simples: Ele recebe o nosso chamado e vem, em qualquer tempo e espaço e sob qualquer forma. Queria tanto saber qual parte de nós, nesse encontro, devemos vestir ou despir, como sugere Gil em "Se eu quiser falar com Deus".

Eu sei que Deus brota da disposição em vê-lo.

Numa fase de muitas semanas de guerra, chegou o dia do esgotamento. Fugi. Saí numa caminhada até um espaço de cuidados com o corpo. Quando um anjo abriu a porta, minha alma entrou na frente, já ouvia a canção. Uma música, a forma que Ele escolheu para eu encontrá-lo naquele instante. Deus apareceu.

Nós nascemos prontos,
prontos para ser livres

Perseguindo cada emoção que podíamos ver

Com nossos olhos firmes,
acordamos em um sonho

Doloridos por sermos jogados no ringue

...

Se nada vem fácil, desde o momento
em que estamos respirando

Vamos percorrer todo o caminho
ou voltar para casa

Nós nascemos prontos, onde
quer que ela nos leve

O que temos é tudo de que precisamos

...

Porque se é rápido ou devagar,
tudo que eu realmente sei

É que eu vou curtir o passeio

E se é difícil ou fácil, antes de sair

Eu vou curtir o passeio

Curtir o passeio.

(trecho traduzido da música "Enjoy the Ride",
da banda estadunidense Krewella)

Deus, o generoso e onipresente, que está desperto no coração praticante da bondade, veio lembrar-me que Ele é alegria. E Deus é amor, e isso não é um clichê, isso inclui e exclui todo o resto.

Uma canção que fala sobre a confiança de apreciar a jornada. O coração sabe o caminho. Não guerreie. Não mude a frequência. Deus não está no ringue. Para vencer a batalha eu precisava ser menos eu e mais Ele.

Convirja.

Sofrência é erva daninha

A dor que inspira, infelizmente, também pira. Quando estendida, a sofrência romântica que nos aproxima das poesias de internet e das canções dor de cotovelo nos afasta da nossa sanidade. Cuidado com o prazo de validade dos sofrimentos.

Automedicação: boas doses de risadas.

Pra que rimar amor e dor? Caetano sabe de tudo, amor não deve ser preocupação.

Amor é paz, não a paz de cemitério, aquela que nos apaga, aquele vazio embaçado de comodidade que vai do nada para coisa alguma. Amor é paz esperta, fogosa, que saltita e arde. Amor é serenidade *al dente*.

Uma risada pode ser encontrada a preço baixo ou gratuito, na alma de uma taça de vinho, na obviedade do viral do YouTube, naquela piada meio sem graça no grupo da família. Pode vir, inclusive, das nossas ignorâncias, há tanto a aprender quando há algo para rir. A melhor risada pode vir naquela música no Uber de madrugada.

Ao se entregar ao contentamento de um minuto, ria, se possível, gargalhe.

O amor, por si, é a grande recompensa.

Rir é a singela alegria que mostra a face de Deus, mesmo de relance, mesmo só um pouquinho. Por que não usufruir e agradecer essa sorte?

Agenda da alma

Ela está na simplicidade do dia a dia, sem a afobação de antever o futuro e, muito menos, sem a entoação dos lamuriosos mantras de preservação do passado. A paz gira é em sentido horário. Viver em paz é deixar-se em paz.

Agradecer a saúde de quem amamos, emocionar-se com elogios de amigos antigos, orgulhar-se com os pequenos avanços da alma, desfrutar da colheita do fruto do próprio trabalho, ser acolhida num beijo apaixonado no meio da tarde. É ter coragem de renunciar aos sonhos que viraram pesadelos. Paz é fazer do seu melhor o bastante, ainda que isso não baste para os outros.

Ser generoso com você e com os outros até deixar a tolice alheia morrer de fome, e a sua também. Não importa quem você é ou pensa que é, sem generosidade será apenas obstáculo, uma mancha sombria que, piedosamente, viverá à espera de ser iluminada pelos outros. A usina da luz própria só liga com a chave da generosidade, todo o resto é luz terceirizada.

Há jogos em que todos perdem; não compactue com retrocesso da maturidade adquirida com suas melhores reflexões. Abrir-se para o amor e para a sorte pede uma dedicação diária e intransferível, necessária até aprender a manter trancado o porão da mente onde habita a autossabotagem.

Aquietar-se. Não se perturbar. Comprometer-se com a agenda da sua alma é conectar-se ao fluxo da vida.

A mente se equivoca, o sentimento, não. Rejeitar o que se apresenta como desassossego é seguir atento ao mapa que a alma desenha para indicar o caminho de casa. A paz é a melhor pista.

Quero a paz que é, sobretudo, perdão.

Attraversiamo

Uma visão de futuro é um mergulho na retina dos sonhos. Um espelhamento de quereres, saberes, desejos e esperanças. A difração de cores infinitas originadas no ponto do sonhar, onde a emoção tinge a razão para construir uma percepção nova. Momento inexplicável em palavras, que vai além dos cinco sentidos, a intuição que joga luz sobre a razão. Transcendência do real vivenciada pela alma, invisível ao olhar comum.

Uma visão de futuro é a vitória da crença sobre o ceticismo, é o triunfo da ação sobre a inércia. Um pensar que se entrega ao fazer, incentivado pelo sentir. É a aposta na força coletiva de um povo que trabalha e confia. Uma visão de futuro é construir sob os próprios pés o melhor lugar do mundo. É plantar aqui e agora o hoje do amanhã, é antever o futuro do presente. É a evolução da cena urbana em benefício do ser humano, é transformar em energia os ares de mudanças.

Uma visão de futuro é romper os fios que separam para construir os elos que unem. Assumir a indissolúvel unidade humana para abandonar o pensar dicotômico e preservar a generosidade nas contradições do agir. Porque o ser humano é assim, único e plural, *persona* multifacetada. Urbanoide da era da comunicação que precisa de silêncio para ouvir a si mesmo. É cada vez mais forma em busca do melhor conteúdo. É o único ser capaz de chorar de alegria e de emudecer para protestar. Ser que aprende palavras para melhor falar com o olhar. O ser humano é corpo concreto para transmitir o divino. É visitante do mundo que se realiza ao construir um lar. Um dominador de espaços e submisso ao tempo. Orientado pelo sucesso e desviado por paixões. Confuso no pensar e brilhante no atuar. O ser humano é miragem de futuro no presente da cidade. Sem ele, portos e aeroportos não fazem sentido, e mares e helicópteros não levam a lugar algum. Ele é quem personifica a cidade que cresce e aparece, que muda e transforma-se na dinâmica do crescimento. Como um ventre que se adequa a um novo ser que evolui.

quando tudo isso passar…

sem bolsos, sem bolsas,
sem boca, sem nariz

só com esses olhos perigosos
que entregam a alma

o que será de nós?

nus na pandemia

sem a casca da matéria o que sobra?

de repente, viramos alminhas peladas

essa leveza do ser – sem o
ter – é suportável?

e temos o que ser?

e se fôssemos só almas?

carregando só o que há dentro de nós

imagine que loucura

e se já for assim e estamos
apenas cegos para o óbvio?

e se ficar em casa foi só para
ver – o ser que há em nós?

o que vivemos – o que entregamos
de vida, e não o que suprimimos
dela – é o que restará

parte de nós
será cinzas,
e parte de nós
já é luz
já é!

Só tinha que ser com você

Um desacontecimento é possível?

Filosoficamente, acontecimentos têm nuances complexas. Vou focar um aspecto básico sobre o qual minimamente posso argumentar: acontecimentos contingentes e não contingentes.

Acontecimento contingente é aquilo que ocorre, mas poderia não ter ocorrido.

Acontecimento não contingente é aquilo que ocorre, e não poderia deixar de ter ocorrido.

É comum pensarmos que acontecimentos inusitados, surpreendentes, incômodos ou improváveis são contingentes e poderiam facilmente desacontecer. Porque entendemos que não era da natureza deles acontecer. Mas e se esses forem incontingentes?

Transformar um acontecimento indefectível em um desacontecimento é possível?

Isso ocorre quando a gente quer desver, desfazer, desfalar, antecipar-se à ação simplesmente para que ela não ocorra nunca. Não é apagar da lembrança, é interferir na *matrix*. É fazer da ação planejada pelo Universo uma inexistência, um nada, uma inércia. Dedicar-se a um esforço de realizar a não ocorrência.

Sinto informar que acontecimentos não contingentes dificilmente podem ser desacontecidos. Com autorização ou não, eles foram concebidos na ação; acontecerão e pronto. Poeticamente, queremos desautorizá-los, mesmo quando sabemos que esses, na realidade, são os fatos que formarão as imagens das nossas vidas. Isso não se explica em mil palavras.

Não desvemos o que já vimos com os olhos do coração. Isso é o que acontece em nós, sem autorização. É o mistério que nos habita. Não conseguimos desacontecer o que nossa alma sábia escreveu no livro desta vida provisória, limitada e surpreendente. Em acontecimentos incontingentes somos personagens. E isso é lindo. Aceitemos.

O wi-fi do coração

Reflito sobre conexões profundas. Principalmente, conexões profundas e imediatas, daquelas que acontecem na velocidade de um raio. É muito comum pensarmos que isso ocorre porque a energia de uma pessoa "bateu" com a nossa. E não deixa de ser verdade, quando uma energia potencial se transforma em força é porque uma ação existiu. Fez-se um movimento.

Nossa intuição às vezes só sussurra. Em outras grita e ainda assim não ouvimos. Quando estamos menos despertos, mergulhados nos jogos do ego, ficamos cegos e surdos. Mas, de alguma forma, somos avisados imediatamente de que algo ou alguém será importante para nós. O coração sabe, se abre e sincroniza os batimentos, e o cérebro recebe um impulso e acende. Iluminamo-nos. É um processo complexo, mas não inexplicável.

Uma conexão profunda nasce de um compartilhamento de signos, verbais e não verbais, com transparência e honestidade. Essa conexão produz a cola que permite esse acoplamento de cérebros – a confiança. Todo esse processo libera ocitocina, nosso hormônio de ligação. Inicialmente vemos mais de nós mesmos, ficamos à vontade. Depois vemos a singularidade, colocamos na mesa nossos trunfos, sem reservas. Compartilhamos medos, sonhos, aspirações e desejos.

Cérebros acoplados são capazes de realizar ações extremamente complexas em conjunto. Corações conectados realizam milagres. É complexo, mas é simples como olhar-se no espelho.

Alegria é sofisticação

Nietzsche disse: "Toda alegria quer a eternidade".

Cabe uma vida inteira em um momento alegre. Festejemos enquanto há tempo.

Todos somos semeadores de alegria ou de tristeza, não há terceira via. Se é uma escolha, geremos o bem até nas pequeninas coisas.

A alegria é um florescimento, um instante de abundância, de expansão que nos leva ao nosso estado natural de máxima potência. Abre as possibilidades que transformam e fertilizam terrenos estéreis. Refloresta.

Mudar o mundo é o propósito dos seres nos quais a vida habita, pulsa. Deixar-se alegre é resistir, perseverar no caminho que há de encontrar aquele instante de perfeição. Deus é alegria. Somos. E tomar parte na alegria do outro é ativar em si a força máxima de construção. É existir.

Se há dúvidas na sua mente, delegue a decisão ao corpo. Dance. O amor brota nas tentativas de se fazer feliz. Fazer crescer o amor entre as pessoas é um movimento ético.

Cure. Cure-se.

Nietzsche resumiu: "Desde que vos tornastes novamente alegres! Em verdade, todos vós desabrochastes: parece-me que flores como vós necessitam de novas festas".

Qual é o seu porquê?

Não é a mente que diz se um sonho é grande ou não. É a alma. Sonhos grandiosos não cabem em si, transbordam. São eles que estão mudando o mundo, desde sempre. O sonho inspira novas arquiteturas da vida, os projetos extraordinários; além do indivíduo, movem o coletivo. Inspiram pela intenção, pelo propósito. Fazem sentido, porque nos fazem sentir mais. Fazemo-nos aptos, corajosos como em um sonho. Despertos.

Quem tem um porquê enfrenta qualquer como – Nietzsche é constantemente citado na obra do neuropsiquiatra austríaco Viktor Frankl, que sobreviveu a quatro campos de concentração nazistas porque acreditava no sonho de instigar pessoas a ter um propósito de vida para resistir a situações-limites. Sonhadores são assim: encontram um porquê e são encontrados pelo universo para realizar milagres.

Sonhar é um atrevimento, uma ousadia de quem vê tudo, mesmo diante do nada. Sonhadores veem além, enxergam caminhos ainda não trilhados e, generosamente, compartilham as novas rotas. Existem humanos celestiais – Malala, Lennon, Mandela, Einstein, Colombo, Maria da Penha, Nise da Silveira, Martin Luther King, Freud, Tarsila, Buda, Rosa Parker, Carolina de Jesus, Leila Diniz e Simone de Beauvoir realizaram a partir de sonhos grandes. Sonho grande não é sobre quantos bilhões ele vale, é sobre quanta gente nele cabe. Quem sonha grande tem humildade para começar pequeno. Cai, levanta e segue. Lao Tsé disse que uma formiga em movimento faz mais que um boi dormindo. Para os sonhadores, o fracasso não é destino, é freio de arrumação.

Não há sonho sem que haja fé. O incrédulo não sonha; faz planos, bate metas. Não acende a centelha divina, porque não crê em milagre, não compreende que é a luz do mundo. Não move montanhas, porque não tem sequer um grão de mostarda de fé. Nossas sombras são apenas a ausência da luz que é abundante em nós quando o amor nos habita.

Dos quereres

Divisão é uma operação matemática que não se origina do zero e não se possibilita por ele. Ou seja, na relação de ordem da divisão não se entra zerado. Matematicamente, somos incapazes de dividir sem qualquer pertencimento individual.

Não existe nós antes que exista eu. Seres gregários por natureza, ansiamos pelo nosso. E aí a confusão começa. Dividimos o que temos disponível e esperamos que o resultado esteja dissociado do elemento principal.

Queremos fazer parte do nosso, sem escolha consciente do que dividimos como elementos, na soma do todo. Dos quereres mais banais aos mais filosóficos, colocamo-nos como ausentes nas próprias decisões, elementos originais do nosso de cada dia. Queremos paz após dividirmos ira; queremos perdão sem antes dividirmos compaixão. Queremos amor ainda que tenhamos só ódio a oferecer. Queremos acolhimento e jamais ofertamos generosidade. Exigimos originalidade enquanto somos subjugados por padrões e rótulos. Buscamos inovação aplaudindo a mesmice. Bradamos independência enquanto abanamos o rabinho para símbolos de *status*.

Somos fábrica de quereres. Até aí, tudo bem. Sem o querer, fazemo-nos nulos para a vida, sem soma e divisão. No entanto, desejar um resultado independentemente do quanto contribuímos é terceirizar uma construção pessoal e intransferível. O que existe de *meu* no *nosso* me pertence. E é nesse pedaço, que é meu, que reside meu poder sobre o nosso.

Saber-se dono de si e dos seus pedaços é o que nos empodera diante da vida. Como elemento originário de um resultado, tenho o poder de influenciá-lo. Quanto mais esse elemento me pertence, mais poder exerço sobre ele. É na falta desse pertencimento que nos colocamos como frágeis contribuintes a um *nosso* cada vez mais distante da nossa essência individual. Se nesse *nosso* construído a partir das minhas divisões e dos outros não existe nada de genuíno, conscientemente *meu*, posso chamá-lo *deles*, mas nunca *nosso*, visto que não há nele parte alguma que me pertença.

É preciso ser inteiro para querer dividir. Generosidade e compaixão têm o poder de despertar amor e pertencimento por si mesmo. Esses sentimentos autênticos geram uma percepção de *mais-valia* pessoal muito íntima, particular, deliciosa. Justamente por isso, provoca inveja e ira. Pertencer-se é ser livre, e a liberdade é imperdoável aos olhos de muitos. Quando se exerce o direito de ser generoso e compassivo, ainda que isso cause a ira dos ofendidos, conquista-se um amor único entre a alma e a consciência, que caminham de dedos entrelaçados.

Abençoados sejam os corajosos que pertencem a si. Os que se angustiam, incomodam-se, expandem, transbordam, esvaziam-se e se preenchem do novo. Viver sem se emocionar, sem perder o fôlego, é empurrar os dias a caminho da atrofia da alma.

Viver é arder.

Escola da vida

Quando nascemos, recebemos a matrícula na escola da vida. Aprendizes, todos nós, embora alguns pensem que são tão somente professores. A matrícula não é opcional, o aprendizado, sim. A escola é multidisciplinar, tem fartura de matérias, e cada um é livre para escolher o que cursar. O principal é que cada um poderá optar, ao longo do aprendizado, pelo tipo de aluno que será. Entre o que aprende de fato e o medíocre que engana, há múltiplas possibilidades.

A escola da vida é democrática, pode-se passar por aqui focando apenas amenidades, escolhendo as provas mais fáceis, estendendo o tempo de recreio, fugindo das lições complexas – sempre é possível exibir notas altas em matérias de conteúdo raso.

É permitido viver agarrado a um só tema e ser tragado pelo ralo da repetência. São alunos que, bloqueados para o novo, desperdiçam tempo chorando os anos perdidos, lamentando suas antigas notas baixas, fazem para si uma teia que os prende à espiral involutiva do passado. A evasão escolar entre esses tende a ser grande. Partem para não voltar.

Alguns preferem passar de ano colando, copiando aqui e surrupiando uma resposta ali. Podem mesmo dedicar toda a energia de uma vida a traficar benefícios para conseguir uma notinha melhor – e ainda se vangloriar disso. Exibirão boletins e diplomas falsos, orgulhosos do ouro de tolo.

É possível, também, escolher a via do excesso de rigor, do foco estreito. Perder o recreio, as piadas da turma, as brincadeiras do fundão, o aprendizado sutil dos momentos de alegria. Viver à espera da próxima prova, comparando notas, fazendo contas, querendo passar o mais rápido possível, fazendo da escola um peso. Sérios de alma cinza que só acreditam em evidências científicas. Consideram espiritualidade pieguice, conhecem o amor apenas teoricamente e, na prática, preferem réguas e compassos, regras e balanças. São tão cheios de conhecimento de tudo e tão ignorantes de si mesmos.

Acreditem. Existem aqueles que gostam de estudar, que mergulham na aventura do aprendizado. Independentemente das provas e das notas que exibem, são amigos do conhecimento. Seres encantados pelo saber, dividem suas anotações, participam de grupos de estudo, mas nem sempre tiram as melhores notas. Se motivados, lutam por evoluções no currículo; se reprimidos, receberão o diploma sem realizar todo o potencial. Infelizmente, a escola não é justa, e acontece de reprovar ou expulsar talentosos e inovadores.

De uma forma geral, ninguém sai diplomado daqui sem passar pela prática do autoconhecimento. É disciplina obrigatória, cheia de provas inesperadas – e na prova final cai um resumão daqueles...

certeza doce é a do rio,
que abre um olho d'água
só para ver o mar.

Bondade é opção

Talvez o mundo não seja tão bom assim, mas, certamente, ele é muito melhor para quem opta pela bondade como um dos valores a preservar ou a conquistar. Porque não importa em qual ponto de aquisição de consciência humana nos encontremos, importa mesmo é saber que, em algum momento, aos 18 ou aos 88, chegamos lá. Ao ponto. No instante da opção de renunciar às trevas da inconsciência, do gesto mecânico, da ausência de empatia, da frivolidade da conveniência, do aprisionamento da vaidade, da inconsequência de viver a vida de gado, da pobreza emocional de ter como norte apenas os interesses pessoais.

A mente desperta é a canção de ninar da consciência tranquila. O prazer em ajudar é o antídoto para a má intenção. A disposição de ouvir cala a palavra rude. Abraços reais ou virtuais têm o poder de apagar beijos falsos, sorrisos amarelos, olhares tortos.

O mundo é melhor a partir disso. Quando a gente reconhece os sonhos como metas, e não delírios. Quando aprendemos a transpor bloqueios para construir pontes que serão usadas por outros. Fazer essa aposta no bem sem medo de julgamentos, de parecer ridículo, piegas, louco.

O mundo é bom quando a gente se distrai da maldade que nos orbita e mergulhamos no coração, até ver amor por trás da dor. Quando do fundo da alma queremos ser seres humanos melhores, a cada dia, todos os dias.

existe aquele que se poupa e
aquele que tira a roupa

da alma

que se lança, voa

que se eleva, te leva.

existe aquele que bate a porta

existe aquele que se importa

que aparece

de surpresa

que te ganha.

existem os nós entrelaçados

os laços mal atados

o que se arrisca e o que só traça

o que idealiza e os reais

o que te move, o que comove
e o que remove.

existe o tédio e o remédio

o desejo e o despejo

doçura, loucura.

existem os que vagueiam

e os que clareiam

miudezas certas, grandezas incertas

o que te encolhe e o que te expande

o que te engole e o que te cospe

o que te acende e o que te apaga.

existem os caros, raros, preciosos

e os belicosos

os generosos

e os usurpadores.

sob o céu, existe tudo o que
eu conheço e desconheço

e sinto

o desatar do nó entrelaça a vida plena?

sim

há risco

há coragem

expandir-se, às vezes, é
apenas deixar ir.

Turma do arrepio

Cientistas de Harvard descobriram que pessoas que se arrepiam ao ouvir determinadas músicas têm "uma quantidade maior de fibras nervosas saindo do córtex auditivo, ligando-se ao córtex insular anterior e ao córtex pré-frontal, que processam sentimentos e monitoram emoções". Metade da população mundial é assim.

Eu pertenço a essa turma do arrepio, mas não acontece apenas com música. Sou facilmente tomada pela emoção arrepiante com o esporte, por exemplo. Os ilustres de Harvard consideram o arrepio uma espécie de orgasmo da pele, eu penso que é um orgasmo da alma. Um torpor que invade o corpo e toma de assalto todo o seu ser.

Emoção em que a pele reage, imediatamente, dos pés ao couro cabeludo, com a alegria de uma maria-dormideira fazendo graça para almas infantis, em um jogo de esconde-esconde. O jogo que abastece nosso reservatório de emoções para enfrentar tempos áridos, ressequidos, inférteis. A pele arrepiada é a certeza de ter a alma beijada. Nossos corpos transgressores são frutos de nossas almas indomáveis. Sabemos, mas esquecemos.

Mas não precisamos exatamente saber, em tempos assim, rudes. Evito racionalizar. A emoção é a estrela-guia. Se me arrepia, avanço. Caso contrário, retrocedo. Se não me inspira, não me move.

Amar não é para teóricos, é para praticantes.

O amor inaugura poetas, basta amar para arrepiar palavras.

O sentir escapa

Ah, a matéria.

As proporções, o equilíbrio, as equivalências, similaridades e simetrias, a exatidão da verdade percebida, a condensação da energia aglomerada. Ah, a matéria, essa abençoada. O belo é a visão do reflexo divino em nós. É soma, mas é também inexato, é métrica, mas é subjetivo. Tato, mas também visão. É o outro e sou eu, é o espelho dentro de mim. Beleza é plástica e éter.

Por isso, *nudes* de alma são arrasadores. Estão para muito além das palavras, das imagens e sons. Traduzem com não ditos o discurso do coração, o percurso da matéria finita a caminho do infinito das percepções imortais. O sentir escapa de um cheiro, de um suspiro, de uma respiração, de um riso, do espirro, da gagueira, do ato falho, do esmagamento da palavra contida, espremida, desmaterializada.

É da natureza do corpo sentir. Nossos poros sabem mais sobre nós do que as nossas mentes. O arrepio é o indomável em nós. A pele é a vontade escancarada. A vontade que vibra na gente é o que não se cala. É ritmo. Compasso e descompasso. Ouvimos sentimentos. Materializamos o que sentimos.

Sentir é aquele saber-se junto sem ser combinado. É quase impossível ficar indiferente diante do sentir. Amém por isso.

Parar para sentir

"*Para para pensar*" foi uma das minhas frases recorrentes durante muitos anos, inclusive no diálogo interno. Interromper o modo automático e refletir para tomar decisões com agilidade, ou deixá-las para o dia seguinte.

Em eventos, parar para pensar significa prevenir desastres. Só se reflete (antes) sobre o que pode dar errado na hora. Aquela sucessão de tragédias imaginárias na insônia de cada noite. E se a bilheteria não virar? E se o artista não chegar? E se o governo não pagar? E se o voo atrasar? E se quarenta mil pessoas invadirem a pista?

E se o carro cair no mar? Produtores de evento são especialistas em prevenir e comunicar desastres.

Bons jornalistas são sagazes, mas produtores de evento são brilhantes na comunicação de notícias ruins e outros fatores dessa natureza. Se você parar para pensar, realizadores são grandes consultores. Nem vou falar sobre "e se a rádio sair do ar, e se o editor não esperar a resposta, e se o cliente mentir em plena crise para gerenciar?". São tantas as dúvidas da razão. Todas as renúncias podem estar contidas em um "e se você parar para pensar" ou "e se fosse com você".

Com o marketing sensorial aprendi – cheiro vende, som modifica a energia, tato fixa na memória, "um olhar muda tudo" e o gosto equivoca a lógica. Passei anos, por intuição, explorando esses cinco fatores. Quando parei para pensar, entendi: a intuição pode ir além. Desobediente dos conhecimentos técnicos, ela aflora e cresce naquele espacinho de permissão onde seu coração diz: *E se você parar para sentir?*

No final é só verdade

Poupe-se, mas não se economize.

Se for doar, vá sem medo.

Transbordar fartura num sorriso a um desconhecido.

Vai acolher? Vá em segredo.

Uma aposta só é autêntica sem garantias.

Ser ímpar mesmo quando for par.

Se chorar, seja rio.

Se sorrir, seja mar.

Aprofundar-se é sair da linha d'água, seja para mergulhar fundo, seja para voar alto.

Ser tudo quando nada tiver pra dar, ser o único que não foge dos furacões.

Fabricar os próprios trovões, distribuir raios, entrar de improviso.

Use o corpo. Ginga, bossa, cambaleie, enrosque as pernas, entrelace os dedos.

Faça amor.

Um bater de palmas quando ninguém rir.

Ser intenso feito o menino despreocupado com o amanhã, leve como um avô que aprendeu a desatar os nós do ontem.

Vexame mesmo é conter-se diante do hoje.

Já fez um laço? Passe fitas, enfeite a roupa, a casa, a rua.

Faça o seu tempo, de grão em grão a ampulheta nunca para.

Retire a casca e estanque o sangue.

Dizer a verdade é pagar o preço da emoção.

Coloque o coração bem no meio para abrir os caminhos.

Chegue de surpresa e ofereça o ombro.

Ser urgente, ser gente, ponha a mesa, quebre a banca.

Curve-se à imensidão do Universo.

Seja humilde, nunca miúdo.

Esteja presente no último abraço.

No final é só verdade.

No caixão de madeira crua caberá o sorriso nos lábios de quem viveu um bocado a vida, que foi só sua.

PARA
NÃO SE
PERDER

Um mapa para o coração

Foram muitas as ocasiões em que me perguntei onde eu estava com a cabeça. Hoje, minha pergunta recorrente é: onde está o meu coração? Minha bússola é essa, agora.

Perdi o medo de perder a cabeça, quando achei um caminho que leva a minha verdade. Por pensar demais, já me contive diante de eventos inaceitáveis; por pensar de menos, já cometi erros tolos, grandes e pequenos, mas evitáveis. Hoje me acolho. Por vezes, em situações extremas, prefere-se ser temido a amado.

Quero fazer do caminho para o coração um mapa. Acho justo dividir roteiros com outros peregrinos, como eu. A jornada é longa. Deixar uma trilha das pedras que considerei seguras na minha escalada sem cordas.

Nesse caminho árduo, todos os monstros aparecerão para te fazer desistir, por medo, por decepção, por exaustão ou por orgulho. Aprender humildade na prática é deixar-se cortar em todos os sentidos. Feridas e cicatrizes fazem parte da jornada, renúncias também. Leveza é imprescindível. É o que cabe na mochila.

Existem elementos vitais que são como água e não podem ser negligenciados. Intuitivamente, sabemos onde está a água contaminada e a potável, mas, se dependermos de validação, pode ser que morramos de sede pisando em um olho d'água, distraidamente. Ouvir o coração é afinar a alma. A cabeça virá junto, porque é o corpo que toca as cordas.

É preciso confiar em si e no processo. O erro é uma curva a mais.

Um mapa sempre ajuda.

não há folha que caia na Ucrânia que
não seja sentida sob os nossos pés

a paz é movimento

foi de mãos dadas que atravessamos
os séculos até aqui

a grandiosidade humana vai
além da pequenez humana

aos oportunistas, em momentos de
fragilidade do mundo, a força
da voz de bilhões de humanos

paz é como o amor, só existe na prática

Inchaço

Situações pontuais, em que nos sentimos orgulhosos e vitoriosos, nos abastecem para momentos menos gloriosos, que são inevitáveis na vida de qualquer pessoa. Para qualquer pessoa, exceto para os soberbos. Para o infeliz acometido pela soberba, o simples ato de conseguir respirar, com o nariz em pé, já o faz superior aos demais. Não é necessário nenhum fato, nenhuma realização, nenhuma evidência, para essa pretensa superioridade. Com o espelho distorcido pela arrogância e por essa ilusão, o soberbo, ainda que sem qualquer base real, infla sua autoimagem e coloca sobre si a toga invisível de juiz da humanidade que, obviamente, está sempre um degrau abaixo dele.

Não é sem razão que a soberba é um dos sete pecados capitais, da mesma forma que também não é por acaso que esse pecado seja representado pela figura de Lúcifer, o anjo transformado em demônio, por não suportar ser inferior a Deus.

Enxergando apenas o espelho encravado em sua própria mente, quando não consegue superar todos a sua volta, lança mão de outro pecado: a inveja. Alicerçado nesses dois pilares, promove a destruição de tudo aquilo que ele não pode obter, superar ou dominar.

A soberba copula com sentimentos rasteiros para parir filhotes disformes como o racismo, a xenofobia, a falsa humildade, a hipocrisia, a intolerância, a desigualdade, o elitismo e os preconceitos de toda natureza. Ela usa vários nomes de guerra: orgulho, vaidade, arrogância, prepotência, altivez, presunção, egocentrismo e tantos outros. Independentemente de como se apresenta, é a raiz do mal e pode nascer em qualquer pedacinho descuidado da nossa alma. Como disse Santo Agostinho: "O orgulho não é grandeza, e sim inchaço. E o que está inchado parece grande, mas não é saudável".

Ódio não tem graça

No universo virtual é comum usar a expressão hater para definir quem tem sede de espalhar o ódio. Pessoas que usam um discurso agressivo contra tudo e todos, que deixam escorrer pelos dedos a inesgotável fonte de ódio que brota da pobreza de um coração intolerante e oco de amor. Os haters existem on e offline e são facilmente reconhecidos pelos excessos.

Mais difíceis de detectar são os antilovers. Observe aqueles que deixam pistas de seus ressentimentos privados e não conseguem apreciar manifestações genuínas e públicas de amor. São uma espécie de haters-light. Menos corajosos que os maldosos explícitos, especializam-se em utilizar o escudo do politicamente correto ou socialmente não recomendável para rotular, julgar e criticar tudo aquilo que no seu intelecto de ervilha não pode receber o carimbo de cool – que, só pra lembrar, além de legal também significa frio.

Antilovers reagem a um delicioso beijo de um casal, seja no restaurante, na praia ou no Instagram, como matronas do século 18, abafando seus gritinhos de espanto com seus lencinhos de monograma sobre a boca. Como xeretas anorgásmicas, estão sempre stalkeando possíveis infratores da Era da Privação de Sentimentos. Vivem no mundo onde o real é privado e o irreal é público, um colchão no qual a hipocrisia se refestela. É nesse colchão que são concebidos outros antilovers, que vão parir haters-light, que darão origem aos famosos haters, que a maioria abomina.

Por outro lado, manifestações de amor, carinho e alegria on ou offline têm o poder de inspirar o amor, que gera mais amor e que é a única forma de combater os haters. Não se leve tão a sério; brincar mais, para julgar menos. O amor vale o vexame. O ódio não tem graça, é des-graça. Filtre. Ignore. Não dê palco para os odientos. Que sigam, com distanciamento, em paz. Exercitemos um olhar sofisticado pela empatia ao nos depararmos com uma manifestação de amor. Sejamos combatentes de haters, na prática.

Por hoje, mais amor. Para amanhã, o dobro.

Sem reservas

Eu tenho tantos arrependimentos. Quando alguém fala para mim que não se arrepende de nada soa tão incompreensível quanto um discurso em japonês. Eu nem conto os meus arrependimentos, arquivo apenas.

Das enormes bobagens que já fiz, a principal delas foi desejar que me adivinhassem. Inúmeras vezes escolhi a perda à explicação. Quase sempre me recusei a contrapor, com argumentos, narrativas ruins sobre mim.

Amo palavras, mas referencio-me pelos fatos. É raro beneficiar com a dúvida quem me conhece. Se nem nós nos conhecemos por completo, como exigir do outro, também cheio de si, que caibamos em seus espaços mais intocados? Ser para o outro o que você sabe ser para si requer demonstração de tudo o que se é. Sem reservas.

É preciso, humildemente, descrever-se para inscrever-se no outro.

Somos muito secretos para que nos saibam assim, de pronto. Somos muito falhos para merecer um céu de certezas. Incertos somos porque estamos vivos. A dúvida do outro é também dádiva, é uma certidão de vida. Os certos, os indubitáveis, são apenas os mortos.

Tem ninguém bonzinho, não

Existem silêncios imensos. Silêncios eloquentes, oxímoros sofisticados, e silêncios acovardados. Durante esta pandemia, muitas vezes eu silenciei. Por cortesia, por diplomacia ou por covardia. Silenciei por confusão na cabeça e no coração, por dor, por amor, por tesão. Silenciei para não riscar do mapa, para não cancelar alguém. Silenciei para não ficar sem fala comigo.

Coisas miúdas assim ou imensas, difíceis de explicar.

O bom silêncio eleva, o mau silêncio é treva. Em uma vida tão curta, cada dia sob a mordaça da conveniência, ou cada sílaba dita, impacta quase oito bilhões de pessoas. Toda palavra importa. O silêncio nefasto atrasa o mundo. Silêncios convenientes são uma abundância de moribundos. Silêncios covardes profanam as vozes sagradas em nós.

É certo que o discurso é o lugar da mentira, mas também é certo que a fala cura. A voz é expressão de generosidade. A voz é também espada contra a maldade.

Dos dedos da poesia saem relatos contra a vilania. A palavra enlaça e corta. Palavra é chicote impiedoso. Línguas que lambem também açoitam.

Quem com verbo fere

O poder da palavra traz o estímulo da cura e a força da destruição, é possível escolher. Lamento que, neste momento carente de curas, palavras mortíferas e torpes tenham suas influências fortalecidas diante das fragilidades. Palavras malditas criando bases aos discursos odiosos e de abuso emocional, tecendo redes de conexões perversas que atrasam o fluxo da evolução do ser humano diante do Universo. Quando seduzidos por alegorias mitológicas, e suas bocarras venenosas, involuímos séculos na desqualificação do verbo.

"No princípio era o Verbo, e o Verbo estava com Deus, e o Verbo era Deus. Ele estava no princípio com

Deus. Todas as coisas foram feitas por ele, e sem ele nada do que foi feito se fez. Nele estava a vida, e a vida era a luz dos homens. E a luz resplandece nas trevas, e as trevas não a compreenderam." No Evangelho de João tudo foi criado a partir dos verbos ser e estar. Não é por acaso que essa é uma das minhas passagens bíblicas prediletas, é o poder ativo da palavra, é Deus tomando a forma de carne em Jesus para revelar a face do próprio Deus, cheio de graça e de verdade.

Eu acredito no poder da palavra, na sua pura forma de traduzir o sagrado em nós. No entanto, se o verbo divino é perfeito, a palavra do homem é falha.

O abuso verbal é cortante, fere com cicatriz indelével, e o pior: é um modelo facilmente replicável. O abusado transformando-se em abusador. Repetir padrões negativos é sofrer, mil vezes, na incapacidade de superar uma dor não curada, é regar as perversas sementes de um abuso.

Toda palavra má deveria ser confinada, cancelada antes de chegar à língua. E todo silêncio deveria ser apenas bondoso, usado para comunicar acolhimento e paz numa reprodução de silêncios afetivos e só, nunca lançados como penalidade.

Usar o verbo para ferir, com palavras ou pela ausência delas, é desassociá-lo de Deus, que é amor, e nunca dor.

Terceirização do mal

Texto escrito em 6 de outubro de 2018, 24 horas antes das eleições presidenciais.

Já fomos expulsos do paraíso da ignorância. Mesmo que queiramos forçar a entrada, a volta para lá não é uma opção. Ganhamos o bônus do livre-arbítrio casado com o ônus da consciência. Seremos sempre nossos juízes mais rigorosos. A opção a isso é a secura da vida.

Não nos enganemos: essa voz ouvida entre aplausos, risos e fogos de artifício não é a da consciência. A voz da consciência é aquela incômoda, aquela que questiona nossas convicções, as certezas, e que não se contenta com a superfície. É a ela que podemos ou não dar espaço. Caso a sufoquemos, teremos que ouvir seus resmungos e lamentos nos anos à frente. Aquele insuportável "eu te disse, eu te disse".

O clichê que diz que os piores arrependimentos são pelo que não fizemos é uma verdade. Verdades às vezes são tão simples que se disfarçam de lugar-comum. Já disse o filósofo suíço Allain de Botton: "O problema dos clichês não é que eles contenham ideias falsas, mas sim que são articulações superficiais de ideias muito boas".

Estamos neste momento sendo confrontados com o que somos, o que pensamos que somos e o que dissemos ser. Nus diante de nós. Podemos ser o que quisermos, mas não podemos estar por conveniência e falar depois que não o somos. Nossas sombras não são espessas o bastante para esconder de nós a própria verdade.

Se estamos constrangidos com o que somos, há esperança. Se nos incomodamos em assumir posturas desumanas e para elas buscamos justificativas irreais ou surreais, nossa luz ainda é visível no fim deste túnel de paredes de medo. Ainda é tempo de substituirmos o mal menor pelo bem maior. Não há serventia justificável no mal a não ser a de fazer contraponto com o bem. A consciência da maldade é a luz que ilumina o caminho da bondade. Não nos enganemos. Não existe mal necessário.

Não existe luz no final em um caminho construído de trevas. A antítese do bem é o ódio. É no ódio que habita a raiz do mal. E nenhum ódio é justificável, como nenhum mal é *terceirizável*. O mal que eu avalizo é meu. Genuinamente meu, antes de qualquer pertencimento ao outro. O mal é a ausência do bem, nele não reside qualquer argumento ou justificativa que produza o que quer que seja de bom, pelo simples fato da inexistência do elemento na base. Novamente, não há mal necessário. Nenhum mal, dos grandões ou dos pequeninos, tem qualquer traço de bem, de bondade.

A construção do bem não passa pela perfeição, passa pela intenção. Não teremos respostas prontas, situações confortáveis ou ausência de defeitos, teremos apenas uma via possível. Uma via que por si equivoca a ditadura do mal, uma possibilidade de bem. Isso, por agora, basta. Quando os males se inflam de forma perigosamente constrangedora, agarrar-se a um fio que conduza à consciência é a utilização máxima da lei divina do livre-arbítrio, que me faz senhor do meu destino em busca do bem que eu desejo para o universo, que habito.

Que a voz da nossa consciência seja ouvida. Com valentia, não nos deixemos sucumbir pelo medo.

Todo mal é desnecessário.

É da lealdade ser livre

Há coisas que não são para você. Acostume-se a isso. Aceite.

Fique na sua, mantenha-se íntegro, não aceite ser tragado pela disputa do nada que te entregará coisa alguma. Permaneça em você. Recuse a provocação para perder-se de si.

Lealdade difere de fidelidade, porque esta exige a obediência à regra, transcreve o exato, o medido, o estabelecido. Lealdade ancora-se na honra, e não nas leis. Vale o combinado, ainda que não seja o usual, o comum.

Parte da Filosofia diz que a lealdade é um propósito assinado com o outro, ou seja, é estritamente interpessoal, trata do cumprimento da palavra dita, e até da não dita, que baliza a expectativa alheia. Outra parte aceita o sujeito pactuado consigo. Ser leal a si é reafirmar diariamente o compromisso com a agenda da sua alma. No conforto de estar alinhado com os interesses do outro, respeitando os seus.

Lealdade é uma virtude, e dela frutificam muitas outras. É a liberdade de ser íntegro. De estar inteiro na intenção, na fala e na ação.

AURÉ AGUIAR **175**

A ausência de lealdade expõe a manipulação e o foco em interesses individuais acima de tudo e de todos.

Lealdade não admite manipulação, não se deixa estar nas mãos de alguém. Não se é leal ao que aprisiona. É da lealdade ser livre. É virtude dificílima de vivenciar, porque exige comprometimento e abandono do egoísmo. Lealdade colhe certezas, porque não planta dúvidas. Para ser leal é preciso blindar-se de ilusionistas. É fundamental não sermos voluntários inconscientes na mágica do outro. Nossas melhores surpresas não podem ser tragadas por armadilhas e expectativas desleais. Não estamos aqui apenas para referendar escolhas alheias. A ilusão traz a treva. Não importa a equação; se a manipulação for um elemento, o resultado será distante do amor.

A mente está, sempre, vulnerável à manipulação. Nossos interesses são rastreáveis, nossa mente é transparente para os algoritmos, somente nosso coração é surpreendente. Somos muito suscetíveis aos estímulos que nos manipulam.

Ser leal te transporta para um patamar em que a visão e a ação do outro não importam. É o furo no muro. Essa fidelidade consigo é o que nos permite honrar acordos com o outro. Lealdade é virtude construída. Ser leal é usufruir do ensinamento da vulnerabilidade do outro sem causar dano. Lealdade não é para qualquer um, precisa ter disposição. Ir fundo, sentir profundo, cultivar intenções elevadas.

Demasiadamente humanos. Por isso, acreditamos em vendedores e duvidamos de doadores. A lealdade é a bússola que nos orienta em meio às seduções egoicas. Nossa porta aberta para a saída do pequeno EU. É uma aposta em nós entrelaçados pelos interesses do coração.

Faca amolada no fio das canções mais bonitas

Mudei de turma. Eu não beijo mais quem eu beijava, não abraço mais quem não se conecta com o coração. Chame de chatice, esquisitice ou excentricidade. Incompreensível, tipo pobre de direita, rico ingrato, espiritualizado desonesto, gratiluz egoico.

Onde eu não sinto, evito. Passo batida por armadilhas vampirescas. Estou ficando especialista em mim. É cada prova, que nem conto. Mas dou conta. Estou afiadíssima, faca amolada no fio das canções mais bonitas. Tenho andado de areia em areia, me amando de mar em mar.

Muito São Jorge – para que nem em pensamentos possam me fazer mal –, Iemanjá e Nossa Senhora da Penha. E eu que nunca acreditei em santo, em rito – agora canto mantra. Faço gashô, mudras e amo meus mestres. Lá no futuro, eu era assim. Anjos vieram me contar.

Não canse

Faz parte da nossa memória ancestral dedicar mais atenção às notícias ruins.

A sobrevivência dos homens e mulheres das cavernas dependia disso. Captar más notícias era uma necessidade vital. Mais de trezentos mil anos depois do surgimento do *Homo sapiens*, o processo evolutivo indica que dar peso, pelo menos igual, às notícias boas é a nova luta pela sobrevivência.

Em tempos de *information overload*, aquilo e aqueles que nos enchem de esperança merecem destaque na mídia, na nossa atenção e na nossa fala. Não contribuir com a intoxicação das notícias é ajudar na evolução do humano. Focar o lado bom das pessoas e dos acontecimentos é transformador e preserva a saúde mental.

Martha Medeiros tem uma crônica com o título "Não canse quem te quer bem". A frase é uma citação da atriz Camila Morgado, e inspirou Martha a escrever sobre indelicadezas cometidas com os mais íntimos, exatamente por isso, por serem mais íntimos. A mão que afaga é a que tem mais chance de ser mordida. Sabemos. Talvez seja pela proximidade, pela disponibilidade, pela facilidade de estar ao alcance. Também pode ser que a nossa fragilidade diante de sentimentos e atitudes enormes, como amor, generosidade, amizade, nos transforme em elefantes em loja de cristal.

Todas as respostas? Não sabemos. São tantas possibilidades... Pode ser que seja insuportável ver o outro subindo o sarrafo da humanidade para muito além do que alcançamos. Talvez seja só um jeito abobalhado de demonstrar o medo. Medo de merecer, medo de ter e perder. Ou o medo de perder-se no outro, de sumir no macio de algum sentimento profundo. Dá tanto medo que não saber, desconhecer, é aconchego.

Viver é perigoso. E viver é delicioso. É danoso se, por alguma neurose qualquer, passamos a mão na cabeça de quem nos sacaneia, ou mordemos a mão que nos alimenta o corpo e a alma.

Seja pelo que for, Martha sintetiza na crônica *Não canse quem te quer bem*. "Se não consegue resistir a dar uma chateada, seja mala com pessoas que não te conhecem."

Na dúvida, não pegue a via errada. Pare. Use o GPS da sua alma. Você sabe quem você vai encontrar no seu coração.

posicionamento tem preço, é caro

quando você escolhe um
lado, exclui o outro

quando aprova explicitamente,
desaprova o contrário

quando você fala, você cala a omissão

se você afirma, nega a hipocrisia

se você se move para

você pode se distanciar de

ao se posicionar, esteja pronto

assuma sua alma guerreira

use todos os sentidos para resistir

coragem, acostume-se com perdas

a vida é curta, a alma, infinita

não faça média, seja inteiro

pague o preço

declare diariamente o seu
amor pela sua integridade

"os outros são os outros, e só."

Pedro e Paulo

O evangelho de Mateus diz: "Não julgueis, para que não sejais julgados. Porque com o juízo com que julgardes sereis julgados, e com a medida com que tiverdes medido vos hão de medir a vós. E por que reparas tu no argueiro que está no olho do teu irmão, e não vês a trave que está no teu olho?".

Fosse isso fácil, não precisaria de exortação bíblica.

A percepção de um fato tem dezenas de variáveis que se interligam em poucos segundos para formar o nosso julgamento. E, sim, julgamos o tempo todo.

Provavelmente, de todos os conselhos bíblicos, esse é um dos menos seguidos, simplesmente porque somos "demasiadamente humanos". E, se ser humano é ser passível de erro, então por que em menos de um minuto julgamos e sentenciamos sem ter sequer informação suficiente sobre os fatos?

A facilidade de julgar os outros pode estar ligada à dificuldade que temos de conviver com o julgamento alheio. Um paradoxo, é verdade. Contradições humanas, sempre.

A frase atribuída a Freud "Quando Pedro me fala sobre Paulo, sei mais de Pedro que de Paulo" dá pistas de que um olhar muda tudo. O que vejo no outro, ainda que seja por um segundo, é uma projeção do meu olhar sobre mim de alguma forma.

Portanto, se você é sempre julgado por acreditar que as pessoas são bem-intencionadas até que provem o contrário, saiba que isso tem lá suas vantagens.

Confiar no outro é atributo do ser confiável.

Entre as variáveis do julgamento, o perigo mora mesmo é dentro de nós.

Nova categoria

Tenho trabalhado para expandir uma rede de afetos. Algo paralelo – não contrário – ao *networking*. Potencializar a atração natural que leva pessoas especiais a se encontrarem é entender que o universo responde aos que buscam.

Afetos positivos podem compor uma rede sem foco no utilitarismo, baseada em uma nova categoria de amor. Podem realizar uma rede que o futuro projeta no presente, e só quem sente vê. Amor não é restrição ou sacrifício. Isso é uma estratégia do *marketing* de dominação. Amor é largo, cabe tudo e todo mundo. Que sejam bem-vindos os amores de todas as nossas vidas.

Na vida, o que temos de certo é o ponto-final, e ponto. Somos estrofes inacabadas de uma poesia escrita a muitas mãos. Sem pedir licença, o que nos afeta nos transforma, inscreve-se em nós e nos reescreve.

Afeto não precisa de autorização, não obedece a voz de comando.

Não somos o nosso reflexo no espelho ou o nosso mergulho para dentro. Estamos mais próximos da onda do outro, que quebra sobre nossa cabeça inesperadamente. Podemos nos afogar e também podemos furar a onda, mergulhar no instante e aprender a surfar.

O amor é um bom professor

Até quando insistiremos nesta tolice de aprendizado pela dor?

É possível aprender pela dor, mas se apreende mais pelo amor. Não usemos a dor como veículo de comunicação amorosa, o amor sempre terá audiência cativa. É na prática amável que realizamos nossas mais incríveis teorias.

Desconheço quem não queira ser amado.

Conectar-se pelo amor é pura expansão da consciência, uma inundação de energia transformadora. Quem não vibra ao ver estrelas dirigidas a si nascendo nos olhos do outro? Sentir um coração descompassado junto ao seu e agradecer a vida ao ouvir declarações ofegantes equivale a um despertar do querer bem ao mundo.

Ser amado é ter a permissão para ser céu. O amor é aquele refinamento das almas sutis; é na bondade que a sofisticação mora, na maldade não existe elegância. Não é a dor que sofistica a alma, é o amor.

PARA
ESQUECER
OS
PERDIDOS

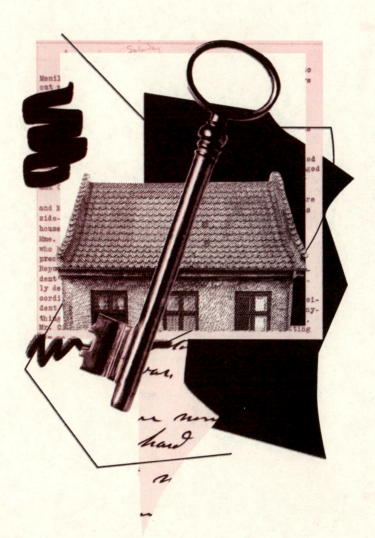

não se demore no lamento,
apenas aprenda e siga

há quem te ame e há quem te odeie

há quem te engane e há quem te saboreie

há quem te cale e há quem
amplie a tua voz

há detratores e há os que te celebram

apenas aprenda e siga

e habite onde as existências
te favoreçam.